Denken hilft!

Katharina Ceming

Denken hilft!

Philosophische Anstöße für heute

Patmos Verlag

VERLAGSGRUPPE PATMOS
PATMOS
ESCHBACH
GRÜNEWALD
THORBECKE
SCHWABEN

Die Verlagsgruppe
mit Sinn für das Leben

Für die Verlagsgruppe Patmos ist Nachhaltigkeit ein wichtiger Maßstab ihres Handelns. Wir achten daher auf den Einsatz umweltschonender Ressourcen und Materialien.

Alle Rechte vorbehalten
© 2017 Patmos Verlag,
ein Unternehmen der Verlagsgruppe Patmos
in der Schwabenverlag AG, Ostfildern
www.patmos.de

Umschlaggestaltung: Finken & Bumiller, Stuttgart
Satz: Schwabenverlag AG, Ostfildern
Druck: Beltz Bad Langensalza GmbH, Bad Langensalza
Hergestellt in Deutschland
ISBN 978-3-8436-0968-5 (Print)

Inhalt

Ein Wort vorab:
Philosophische Gedanken für ein gutes Leben............... 7

Der Kopf ist rund,
damit das Denken die Richtung ändern kann............... 11
Nachdenken über das, was sein soll 12
Mit Denken zur Selbstbestimmung.......................... 15
Denken und Nachforschen entlarven Manipulation und
    Täuschung... 17
Wieso wir tun, was wir tun 20
Alles eine Sache der Perspektive?........................... 24
Thinking is the best way to travel 27

Nichts bleibt, wie es ist. Na und! 29
Jeden Tag Geburtstag feiern?................................ 32
Gibt es nicht auch etwas Unveränderliches?.................. 33
Wieso nicht alles Wandel ist 36
Wie man erdbebensicher bauen kann 41
Und das Leben geht weiter................................. 45

Der Sinn des Lebens. Was, wenn's ihn gar nicht gibt?......... 50
Wer ein Warum zum Leben hat, erträgt fast jedes Wie......... 52
Die fünf Säulen des Sinns................................... 54
Grenzsituationen als Sinnerfahrungsmöglichkeit 58
Gibt's denn überhaupt einen Sinn? 60
Besser wäre es, wir wären nie geboren! Wirklich?.............. 64
Zur Freiheit verdammt, vom Absurden gestreift 68
Und doch gehört uns unser Schicksal........................ 70
Nichts Neues unter der Sonne 72

Das Glück ist ein Rindvieh ... Oder doch nicht?............. 75
Glücklich sein und Glück haben: zwei Welten – ein Begriff 77
Wer das eigene Glückslevel heben will, muss den richtigen
    Hebel ansetzen... 81
Glück und Vernunft: ein unschlagbares Duo................... 85
Wieso die Theorie nicht grau ist 87
Nicht die Dinge machen uns glücklich oder unglücklich,
    sondern unsere Vorstellung über sie 91

Arbeit ist das halbe Leben.
Und was ist mit der anderen Hälfte? **94**
Die Muße ist des wahren Lebens Anfang. 95
Die Lust an der Persönlichkeitsbildung. 97
Gut Ding will Weile haben. 100
Beschleunigung als Mußekiller 105
Muße ist keine Ablenkung 108
Vom Lob des Unnützen 110
Müßiggang ist aller Laster Anfang 112
Wagen wir den Müßiggang 115

In der Ruhe liegt die Kraft. Da liegt sie gut! **118**
Sage mir, wie du bewertest, und ich sage dir, wie du dich
    fühlst 121
Bin ich, was ich fühle? 124
Lustvoll gelassen, gibt's das? 127
Warum es manchmal hilfreich sein kann, sich selbst zu lassen... 131
Gelassenheit zu den Dingen 133

Darf's ein bisschen mehr sein?
Die Suche nach dem rechten Maß **138**
Die Sehnsucht nach der Maßlosigkeit. 138
Das König-Midas-Syndrom. 140
Warum wollen wir immer mehr haben? 143
Die Auswirkungen des Immer-Mehr 148
Die Suche nach dem rechten Maß 150
Das radikalisierte Maß: die Askese 153
Weniger ist mehr, aber leider nur für wenige. 156

Schieflagen im gesellschaftlichen Diskurs
Abschließende Anmerkungen **161**

Glossar 168
Literatur 172
Anmerkungen 174

Ein Wort vorab:
Philosophische Gedanken für ein gutes Leben

Von dem berühmten kynischen Philosophen Diogenes von Sinope ist der provokante Ausspruch überliefert:

„Zum Leben braucht es entweder einen Verstand oder einen Strick."[1]

Für die antiken Hörer war dieser Gedanken vermutlich nicht weniger irritierend als für uns heute. Doch dieser Satz spiegelt nicht nur das kynische Lebensverständnis wider, sondern mehr oder weniger das der ganzen antiken Philosophie. Dahinter steht die fundamentale Überzeugung, dass wir als Menschen nicht nur vernunftbegabte Wesen sind, sondern dass der Gebrauch des eigenen Verstandes unverzichtbar für ein gelingendes Leben ist. Auf die Frage „Denkst du noch oder lebst du schon?" hätte Diogenes dem Fragenden vermutlich wortlos den Strick gereicht.

Sich seines eigenen Verstandes zu bedienen, bietet einige echte Vorteile. So macht Selberdenken nicht nur schlau, sondern es hilft, sich im Dschungel des Lebens zu orientieren.

Dafür gibt uns die Philosophie ein Handwerkszeug an die Hand. Dieses Handwerkszeug ist die Reflexion, das Nach-Denken. Manchmal denkt es sich ein wenig leichter, wenn man ein paar Impulse bekommt. Daher verstehe ich dieses Buch als einen philosophischen Impulsgeber. Mit diesen Impulsen und Gedanken aus der philosophischen Tradition können Sie sich auf die eigene Reise machen. Es lohnt sich!

Manche Ideen werden Ihnen vielleicht gefallen oder Ihnen entsprechen, andere werden Sie vielleicht für skurril oder unpassend halten. Das darf sein, ja, es ist sogar gut, wenn Sie sich bei dem einen oder anderen Gedanken im wahrsten Sinne des Wortes etwas vor den Kopf gestoßen fühlen; denn gerade in der Auseinandersetzung mit Positionen, die uns auf den ersten Blick gar nicht entsprechen, können wir etwas lernen.

Zu philosophieren bedeutet nämlich immer auch, sich zu denken geben lassen, sich mit neuen und manchmal auch ungewohnten Ideen zu beschäftigen. Philosophieren ist ein aktiver und lebendiger, ja ein kreativer Prozess. Genießen Sie ihn und verabschieden Sie sich von der Vorstellung, dass Philosophie nur etwas sehr Ernstes und sehr Gewichtiges sei.

Gewichtig mag sie in dem Sinn sein, dass sie sich mit dem Sinn unseres Daseins beschäftigt, doch diese Beschäftigung macht auch Freude. Ich hoffe, ich kann Ihnen auf den folgenden Seiten ein wenig von diesem Spaß am Denken vermitteln.

Die in diesem Buch behandelten Themen haben alle eines gemeinsam: Sie sind Aspekte eines guten und gelingenden

Lebens, weshalb sich die Auseinandersetzung mit ihnen lohnt. Schon früh erkannten Menschen, dass Veränderung ein integraler Bestandteil des menschlichen Lebens ist, dem wir uns nicht entziehen können. Die Frage, die uns bis heute beschäftigt, ist die: Wie können wir gut mit diesen Veränderungen umgehen? Wie gestalten wir unser Leben, wenn sich tragende Sicherungssysteme als gar nicht so sicher erweisen wie erhofft?

Dass nichts bleibt, wie es war, zeigt sich auch in Bezug auf die unterschiedlichen Vorstellungen vom Sinn des Lebens. Sahen die Menschen in der Antike und im Mittelalter diesen in einer transzendenten Macht grundgelegt, auf die das menschliche Leben hin geordnet ist, so verlor diese Überzeugung mit der Moderne ihre Strahlkraft. Doch damit ist die Frage nach dem Sinn des Lebens nicht vom Tisch. **Wenn Sie sich diese Frage nach dem Sinn stellen, werden Sie nicht umhinkommen, in Ihrem eigenen Leben nach Antworten zu suchen.** Aber sicherlich können Ihnen einige Antwortversuche von Philosophen hilfreiche Impulse mit auf den Weg geben.

Dass die Auseinandersetzung mit dem Sinn wichtig ist, bestätigt die moderne Glücksforschung. Glückliche Menschen sind nämlich nicht deshalb glücklich, weil ihnen dauernd glückliche Ereignisse widerfahren, sondern weil sie ihr eigenes Dasein als sinnvoll erleben. Aus diesem Grund hielten die großen griechischen Denker die Muße und nicht die Arbeit für eine der wichtigsten Errungenschaften menschlichen Lebens. In der Muße findet der Mensch nämlich Zeit, sich mit sich selbst und der Welt zu beschäftigen. Nehmen Sie sich diese Zeit. Über sich selbst und das eigene Tun nachzudenken, ist keine vergeudete Zeit, sondern die wertvollste unseres Lebens. In diesem Sinne wünsche ich ihnen genug Zeit und Muße beim Lesen dieses Buches, ob Sie dieses nun quer, entsprechend Ihrem Interesse an den einzelnen Themen, oder ganz gemütlich vom Anfang bis zum Schluss lesen.

Der Kopf ist rund, damit das Denken die Richtung ändern kann

Dem Denken eilt in unseren Tagen nicht gerade ein besonders guter Ruf voraus. Kaum ein Ratgeber zum guten Leben verzichtet darauf, zu betonen, dass wir viel zu stark rational und kopfgesteuert seien und deshalb wesentliche Potenziale unseres Daseins ungenutzt ließen. Aus diesem Grund lautet der Ratschlag oftmals: Raus aus der Kopffalle! Auch ich bin davon überzeugt, dass eine der Grundlagen eines guten Lebens darin besteht, einen guten Zugang zu sich selbst und damit zu seiner eigenen Emotionalität zu bekommen. Doch das steht keinesfalls im Widerspruch zum Denken.

Denken ist eine der wesentlichsten, wichtigsten und herausragenden Fähigkeiten des Menschen. Der Mensch kann über sich selbst nachdenken und sein Leben reflektieren.

„Ein Leben ohne Selbsterforschung ist nicht lebenswert"[2],

verkündete Sokrates. Das Wort ‚Reflexion' kommt vom lateinischen ‚reflectere', was so viel wie zurückbilden, umwenden, umkehren heißt. Reflektieren beinhaltet die Fähigkeit, das eigene Denken anzuschauen und zu überprüfen. Beim Nachdenken und Reflektieren nehmen wir uns Zeit, Handlungen, Situationen und Gedanken auf ihre

Stimmigkeit hin zu untersuchen. Das ist wichtig, denn viele unserer eigenen Haltungen und Meinungen haben wir im Lauf unseres Lebens einfach von anderen übernommen. Wollen wir einigermaßen selbstbestimmt und gut leben, müssen wir uns die Mühe machen, die übernommenen Ansichten zu überprüfen und gegebenenfalls eigene zu entwickeln.

Nachdenken über das, was sein soll

Dieses Überprüfen, diese Selbstreflexion unterscheidet sich jedoch vom Nachdenken über ein naturwissenschaftliches oder technisches Problem. Beides hat in der Tat mit Denken zu tun und beides ist wichtig. Martin Heidegger unterschied zwischen dem rechnenden und dem besinnlichen Denken. Während das rechnende Denken mit den harten, überprüfbaren Fakten arbeitet, geht das besinnliche Denken den Dingen auf den Grund. Letzteres kann mühsamer sein und ist nicht in der Weise verwertbar wie das rechnende Denken. Deshalb gehen wir ihm gerne aus dem Weg. Heidegger sprach davon, dass wir regelrecht auf der Flucht vor dem Denken seien.

Besinnlich ist dieses Denken, weil es radikal nachsinnt, weil es sich um den Sinn des Daseins bemüht. Das rechnende Denken an sich ist nicht falsch oder gar überflüssig. Wir können nicht darauf verzichten, nur reicht es nicht aus, unser menschliches Dasein und unsere Wirklichkeit in ihrer Tiefe und Komplexität zu beschreiben. Denken meint auch die Durchdringung und Erhellung unseres eigenen Lebens.

Natürlich gab und gibt es in der philosophischen Tradition Strömungen, die nur gelten lassen möchten, was harte, überprüfbare Fakten sind. Doch damit lassen sich nicht die wesentlichen Fragen des menschlichen Daseins beantworten: Wer sind wir? Und vor allem: Wie möchten wir leben?

Unser Denken hilft uns, uns als handelnde Wesen in der Welt zu orientieren. Es hilft uns, eine Vision davon zu entwickeln, wie die Welt sein soll. Es fragt, weshalb die Welt so ist, wie sie ist, und ob sie nicht auch anders sein könnte. Denn die Tatsache, dass etwas so ist, wie es ist, sagt noch nichts darüber aus, dass es so sein soll. Ethik ist ein Postulat und kein Faktum. Aus der Tatsache, dass Menschen immer wieder Menschen töten, abzuleiten, dass es so sein soll, wird vermutlich kein vernünftiger und einfühlsamer Mensch tun.

Wer in dieser Frage ausschließlich evolutionsbiologisch argumentiert und die Ursache für das Tötungsverbot vor allem darin sieht, dass es überlebenstechnisch für den Fortbestand der Menschheit besser ist, sich nicht gegenseitig zu töten, übersieht, dass es viele ethische Normen gibt, die keinen überlebenstechnischen Mehrwert haben. Die ethische Überzeugung, dass Sklaverei ein Verbrechen ist oder dass Männer und Frauen gleichwertig sind oder dass keine Ethnie besser ist als eine andere, sind Überzeugungen, die in der Geschichte der Menschheit gewachsen sind. Angestoßen wurden sie von Einzelnen, die immer wieder kritisch nachfragten, ob das, was Brauch oder Gewohnheit ist, auch stimmig ist; ob das, was ist, wirklich sein soll. Denn nur, weil etwas seit Jahrhunderten getan oder praktiziert wird, ist es noch nicht sakrosankt oder gar Ausdruck eines natürlichen Sein-Sollens.

Der große Königsberger Philosoph und Aufklärer Immanuel Kant formulierte eine solche Richtschnur, anhand derer wir uns bei unserem Handeln orientieren können. Er nannte sie den kategorischen Imperativ:

*„Handle nur nach derjenigen Maxime,
durch die du zugleich wollen kannst,
dass sie ein allgemeines Gesetz werde."*[3]

Die sogenannte Goldene Regel formuliert Kants Gedanken etwas allgemeinverständlicher: „Behandle andere so, wie du von ihnen behandelt werden willst." Diesen Gedanken finden wir in nahezu allen großen Weisheitstraditionen und Religionen. Was nicht heißt, dass er immer und überall befolgt wird. Das unterscheidet eben das Faktum vom Postulat, was aber nichts über den Wert des Postulats aussagt. Dass Menschenrechte immer wieder verletzt werden, heißt nicht, dass es so sein soll und dass das Postulat, die Würde des Menschen zu schützen, deshalb falsch wäre.

Mit Denken zur Selbstbestimmung

Denken hilft uns aber nicht nur, eine Vision zu entwickeln von einem Leben, wie wir es uns wünschen, und von einer Welt, in der wir leben möchten. Der denkerische Umgang mit uns selbst und der Welt ermöglicht es uns, unser Leben selbstbestimmter zu gestalten. Es hilft uns, von der Fremdbestimmung zur Selbstbestimmung zu kommen. Wir werden in einem guten Sinn autonom. Aus der Psychologie wissen wir, dass Menschen, die das Gefühl haben, ihr Leben einigermaßen selbstbestimmt leben zu können, also Meister oder Meisterin ihrer selbst zu sein, deutlich zufriedener und glücklicher sind als Menschen, die sich von äußeren Faktoren getrieben fühlen.

Kant sprach davon, dass der Mensch aus seiner selbst verschuldeten Unmündigkeit heraustreten müsse, um wahrhaft Mensch zu sein. Selbst verschuldet ist die Unmündigkeit nach Kant deshalb, weil der Mensch sich nicht seiner Vernunft bedient. Er lässt lieber andere für sich denken. Das ist bequemer und weniger anstrengend. Es wäre interessant zu hören, was Kant heute angesichts unserer Ratgeberkultur schreiben würde. Denn bereits 1784 konstatierte er in seinem Essay „Was ist Aufklärung?":

> *„Es ist so bequem, unmündig zu sein. Habe ich ein Buch, das für mich Verstand hat, einen Seelsorger, der für mich Gewissen hat, einen Arzt, der für mich die Diät beurteilt, u.s.w., so brauche ich mich ja nicht selbst zu bemühen. Ich habe nicht nötig zu denken, wenn ich nur bezahlen kann."*[4]

Doch Kant betonte in seinem Beitrag noch etwas anderes sehr Wichtiges. Es liegt nicht nur an den Einzelnen, ob sie mündig werden oder nicht, denn auch die Gesellschaft schafft Strukturen, die die Einzelnen in der Unmündigkeit halten. Wenn wir in Kants Zeiten blicken, war dies nicht weiter verwunderlich. Absolutistische Herrscher haben selten Interesse an mündigen Bürgern. Doch können wir uns entspannt zurücklehnen und aufatmen, weil wir in einer Demokratie leben?

Die US-amerikanische Philosophin Susan Neiman, die in Berlin lebt und lehrt, schreibt in ihrem Buch „Warum erwachsen werden?", dass wir uns eben nicht beruhigt zurücklehnen können. Es braucht keine totalitären Regime, um die Unreife der Bürger mit Gewalt herbeizuführen. Die Infantilisierungsprozesse der nichttotalitären Regime sind ihrer Ansicht nach viel wirksamer, weil sie direkt an unserer Bequemlichkeit andocken, uns aber vorgaukeln, wir hätten die Freiheit zu entscheiden. Doch was sind das für Entscheidungen? Wir verbringen unsere Zeit damit, uns zwischen Hunderten von Handymodellen zu entscheiden, uns durch zahllose Vergleichsportale zu bewegen, um den billigsten Stromanbieter, den günstigsten Urlaub, die stylischsten Sneakers oder was auch immer zu bekommen:

„Völlig erschöpft von all unseren Entscheidungsmöglichkeiten, übersehen wir die Tatsache, dass die wichtigen Entscheidungen von anderen getroffen werden, die wir nicht einmal benennen könnten. Oder haben Sie eine Welt

gewählt, in der Ölgesellschaften von der Zerstörung des Planeten profitieren? In der Frauen wegen Ehebruchs gesteinigt werden oder in der man sie ermordet, weil sie zur Schule gehen?"[5]

Neimans Antwort auf diese Situation ist eine ganz ähnliche wie die Kants: Mensch, wach auf! Gesellschaft, wach auf! Wer glaubt, Freiheit bestünde darin, zwischen 30 Fernsehsendern oder Streaming-Diensten zu wählen, weiß nicht, was Freiheit wirklich bedeutet. Kant gibt in seinem Essay eine sehr schöne Definition von echter Freiheit. Diese besteht darin, „von seiner Vernunft in allen Stücken öffentlichen Gebrauch zu machen". Dies meint nichts anderes, als nachzudenken, ob das, was wir erleben und erfahren, auch das ist, was sein soll. Kant schrieb seinen Essay nicht in resignativer Verzweiflung, sondern als Aufruf, dass wir endlich mündige Wesen werden sollen, die sich ihrer eigenen Vernunft bedienen, und uns nicht wie eine Herde Schafe lenken lassen.

Denken und Nachforschen entlarven Manipulation und Täuschung

Diese Mündigkeit brauchen wir in Zeiten der gezielten Verbreitung von Lügen und Halbwahrheiten dringender denn je. Um Irrtümer und falsche Behauptungen zu erkennen, braucht es ein Handwerkszeug – unser reflektierendes Denken. Eine in sozialen Netzwerken wie Facebook oder auf Twitter hundertmal geteilte Behauptung wird auch nicht durch das hundertunderste Teilen wahr, wenn sie einer Überprüfung nicht standhält. Durch Nachdenken und durch den Gebrauch unserer Urteilskraft gewichten und bewerten wir Informationen und unterscheiden diese von Propaganda oder Werbung.

Urteilskraft ist eine Dimension, auf die Immanuel Kant besonders verwies. Sie muss unbedingt zum Wissen hinzukommen, damit dieses gut gebraucht werden kann. Die Urteilskraft beschreibt die Fähigkeit, ein Ereignis oder eine Tatsache einer Regel zuordnen zu können. Ohne Urteilskraft nutzt Wissen nichts, da es nicht richtig eingesetzt werden kann.

Kant betont aber noch etwas sehr Wesentliches im Kontext der Urteilskraft: Sie ist eine Fähigkeit, die man niemanden lehren kann. Die Urteilskraft ist etwas, in das man sich einüben muss. Wissen und Fakten kann man vermitteln, aber Zusammenhänge herzustellen, zu verstehen, was es mit bestimmten Tatsachen auf sich hat, das kann man nicht wie einen Wissensinhalt vermitteln.

Heraklit von Ephesus drückte diese Erkenntnis vor 2500 Jahren in einem berühmten Satz aus:

"Vielwisserei lehrt nicht Verstand haben."[6]

Man kann viel wissen und dennoch die Zusammenhänge nicht verstehen. Kant bezeichnet diesen Zustand als Dummheit. Diese Dummheit hat nichts mit dem zu tun, was der IQ-Test misst. Auch Gelehrte können Kants Ansicht nach dumm sein, wenn sie zwar über viel Wissen verfügen, aber ihre Urteilskraft nicht kultiviert haben. Erst der Gebrauch der Urteilskraft macht einen Menschen zum mündigen Menschen.

Wer über Urteilskraft verfügt, kann Zusammenhänge herstellen und dazu beitragen, Manipulationen und Falschaussagen zu entlarven. Und er kann sich selbst immer wieder kritisch über die Schulter schauen und überprüfen, wie er mit Informationen umgeht.

Leider neigen wir oft dazu, nur Dinge zur Kenntnis zu nehmen, die unsere (Vor-)Urteile bestätigen. Wir können uns aber auch bewusst entscheiden, uns mit Argumenten auseinanderzusetzen, die uns nicht gefallen, um unser eigenes Denken und Handeln zu erweitern.

Wer selbstständig denken und urteilen kann, ist daher auch in der Lage, seine eigenen Grenzen zu erkennen. Je komplexer unsere Wirklichkeit wird, desto mehr Themenbereiche gibt es, bei denen wir auf Experten nicht verzichten können. Es ist gerade kein Ausweis von geistiger Reife, wenn man glaubt, alles besser zu wissen als Fachleute. Dies bedeutet natürlich nicht, dass wir jedem Experten bedingungslos alles glauben müssen. Die Glaubwürdigkeit eines Experten hängt aber nicht davon ab, ob jemand meine Meinung oder Weltanschauung teilt, sondern davon, welche Interessen er verfolgt, für wen er arbeitet oder wer ihn bezahlt. Die Informationen eines Lobbyisten haben einen anderen Geschmack als die eines Wissenschaftlers, der für eine unabhängige Forschungseinrichtung arbeitet.

Wir wissen natürlich aus eigener Anschauung, dass Faktenkenntnis allein nicht automatisch zum Erfolg oder zum rechten Handeln führt; genauso wenig, wie die genaue und korrekte Kenntnis eines Sachverhalts Menschen zwangsläufig überzeugt, etwas zu tun oder zu lassen – insbesondere dann nicht, wenn es innere (meistens psychische) Widerstände dagegen gibt. Dies hat vor allem damit zu tun, dass wir als Menschen zwar denkende Wesen sind, aber eben nicht *nur* denkende Wesen. Die emotionale Seite spielt oftmals eine entscheidendere Rolle. Dennoch ist es wichtig, dass wir uns mit den Fakten auseinandersetzen, da sie eine Basis für weitere Entscheidungen sind.

Wieso wir tun, was wir tun

Die Fähigkeit, zu reflektieren und über die Welt nachzudenken, können wir auch einsetzen, um über uns selbst und unser Tun nachzudenken. Nicht um zu erkennen, was wir tun sollen, sondern um zu verstehen, weshalb wir bestimmte Dinge immer auf die gleiche Art und Weise tun, auch wenn sie uns nicht weiterbringt. Viele Handlungsmuster, die wir in unserem Leben entwickelt haben, hängen an einem Konzept, das wir von uns selbst haben. Dieses Konzept hat mit unserer Persönlichkeit zu tun.

Unsere Persönlichkeit ist aber keine völlig statische Größe. Der Sozialisationsforscher Hurrelmann beschreibt sie als eine Mixtur aus Einstellungen, Eigenschaften und Fähigkeiten, sowie einer gewissen biologischen Ausstattung (z.B. unsere Gene). Zugegeben: Wir haben auf unsere Gene keinen großen Einfluss, doch Einstellungen und Haltungen können wir verändern, auch wenn es mit Arbeit verbunden ist. Dazu müssen wir diese einer kritischen Prüfung unterziehen. Und das tun wir mittels Denken. *Das Gute am Denken ist, dass wir nicht nur Gedanken produzieren, also vor uns hindenken können, sondern dass wir diese auch betrachten können.* Wir sind in der Lage, das, was wir über uns und die Welt denken, also den Inhalt unserer Gedanken, in einem zweiten Schritt anzuschauen und auf seine Stimmigkeit hin zu überprüfen.

Die Fähigkeit, das eigene Denken einer kritischen Reflexion zu unterziehen, um bestimmte Muster zu erkennen, kann gelernt und eingeübt werden. Das geschieht nicht von heute auf morgen. Wenn Sie sich überlegen, dass wir 30, 40 oder mehr Jahre bestimmte Muster kultiviert und eingeübt haben, dann ist es klar, dass wir diese nicht in fünf Minuten mit einem kurzen Draufschauen auflösen. Aber das Erkennen der Muster *als Muster* ist schon ein erster wichtiger Schritt. Viele Menschen halten nämlich ihre Muster für die Wirklichkeit. Je nach Muster kann dies leidvoll und unangenehm sein. Wenn Sie davon überzeugt sind, dass immer nur Ihnen Negatives widerfährt, oder wenn Sie aus jeder Mücke einen Elefanten machen, dann kann es sehr hilfreich sein, die hinter diesem Tun und Denken liegenden Überzeugungen etwas gründlicher anzusehen. Dass sich Ihre Umwelt, das Leben oder das Schicksal, wie immer Sie es nennen wollen, ausschließlich gegen Sie verschworen hat, ist eher unwahrscheinlich.

Ich möchte damit nicht behaupten, dass die Päckchen, die Menschen im Leben zu tragen haben, gerecht oder gleichmäßig verteilt wären. Zudem gibt es Schicksalsschläge und Krisen, wie Krankheit, Trennung, Verlust oder Tod, die zunächst nicht allzu viel mit unseren Haltungen zu tun haben. Dazu kommen Lebenssituationen, die wir uns nicht ausgesucht haben. Wer als Kind 14 Stunden am Tag und unter sklavenähnlichen Bedingungen arbeiten muss, wird ausgebeutet und misshandelt. Wer psychisch oder physisch misshandelt wird, wird missbraucht. Hier geht es nicht darum, dass die Betroffenen ihre Haltung verändern, sondern darum, dass Staat und Gesellschaft solche Übergriffe verhindern und, wo sie bereits geschehen sind, negativ sanktionieren.

Wo eine Haltungsänderung jedoch hilfreich sein kann, ist bei unseren alltäglichen Krisen bzw. bei den Ereignissen, die wir für Krisen halten und durch unsere Bewertungen dazu machen. Wer seinen Fokus primär auf das Negative im Leben richtet, wird scheinbar auch mehr Negatives erfahren. Das hat unter anderem mit unserer biologischen Grundausstattung zu tun. Der Neurobiologe Rick Hanson spricht davon, dass unser Gehirn, was negative Erfahrungen anbelangt, eher einem Klettverschluss ähnelt, während es bei positiven Erfahrungen eher wie eine Teflonpfanne agiert.[7] Wir erinnern uns deutlich besser an Negatives als an Positives. Das heißt aber nicht, dass uns deshalb primär mehr Negatives widerfährt.

Evolutionstechnisch war es hilfreich, ein größeres Sensorium für die Gefahr zu entwickeln. Es ist gut, dass wir uns sehr lange an den brennenden Schmerz erinnern, wenn wir uns die Finger an einer heißen Herdplatte verbrennen. Wir werden in Zukunft nämlich besser aufpassen, damit uns das nicht wieder passiert. Wenn ich um diesen Mechanismus meines Gehirns weiß, kann ich besser damit umgehen. Wir müssen uns also das Positive bewusst ins Gedächtnis rufen. Dazu kann es hilfreich sein, am Abend den Tag noch einmal Revue passieren zu lassen und darauf zu achten, was Schönes oder Erfreuliches passiert ist.

Beispielsweise können wir immer wieder erleben, dass uns bei Missgeschicken oder den kleinen Katastrophen des Alltags andere Menschen zu Hilfe kommen. Ich kann meine ganze Aufmerksamkeit auf die zugefallene Haustüre mit dem Wohnungsschlüssel in der Wohnung richten, also auf das offensichtlich Negative, und dabei völlig übersehen, dass mir ein freundlicher Nachbar oder eine Nachbarin bis zum Eintreffen des Schlüsseldienstes „Asyl" und einen Kaffee in seiner oder ihrer Wohnung angeboten hat. Den Tag nur aufgrund der zugefallenen Türe als Katastrophe zu betrachten, gibt einem Ereignis ein Gewicht, das es nicht verdient. Dass die zugefallene Türe und alles, was daran hängt, der Aufwand, die Kosten für den Schlüsseldienst etc., selbst ein unerfreuliches Ereignis darstellen, wird nicht in Abrede gestellt. Die Frage ist nur, ob ich zulasse, dass dieses Ereignis die Wahrnehmung des gesamten Tages dominiert, oder nicht.

Alles eine Sache der Perspektive?

Immer wieder geraten wir in Situationen, in denen für uns etwas völlig klar und eindeutig zu sein scheint, um dann auf einmal mit jemandem konfrontiert zu werden, der in keiner Weise unsere Ansicht teilt. Manchmal ist man dann geneigt anzunehmen, der andere stamme von einem anderen Planeten. Es ist jedoch höchst unwahrscheinlich, dass wir einem Außerirdischen begegnet sind. In der Regel prallen hier einfach nur unterschiedliche Perspektiven auf die Wirklichkeit aufeinander. Diese Perspektiven können Sie mit einer Brille vergleichen, die man Ihnen von klein an auf die Nase gesetzt hat und deren Sie sich gar nicht mehr bewusst sind. Wenn sie grünliche Gläser hat, ist Ihre Welt grün grundiert. Eine andere Farbe führt zu einer anderen Wahrnehmung.

Das Problem ist nur, dass nicht alle das gleiche Modell auf der Nase haben. Die einen haben Brillen mit blauen Gläsern, die anderen mit braunen, wieder andere haben geschliffene Gläser, damit sie besser in die Weite sehen oder die Dinge in der Nähe besser erkennen können. Das Problem des Missverstehens entsteht dadurch, dass wir uns meistens unserer Brillen, durch die wir auf die Wirklichkeit blicken, nicht bewusst sind, ja mehr noch, dass wir unbewusst annehmen und voraussetzen, dass alle anderen durch die gleiche Brille blicken. Wollen wir andere verstehen, ist es notwendig, diese Brillen als Brillen zu erkennen.

Es ist eine recht alte Erkenntnis, dass wir mit Brillen durchs Leben laufen, auch wenn erst das späte Mittelalter die Brille als Sehhilfe entwickelte. Bereits die antiken Skeptiker hatten das Erkennen von geistigen Brillen zu ihrer Hauptaufgabe erkoren. Im Gegensatz zu anderen philosophischen Schulen vermieden sie es, Meinungen und Behauptungen über die Wirklichkeit aufzustellen. Sie wollten, dass die Menschen erkennen, dass ihre Aussagen nur eingeschränkte Perspektiven der Wirklichkeit sind und nicht die Wirklichkeit selbst.

Wenn Sie verstehen, durch welche Brille Sie vornehmlich die Wirklichkeit wahrnehmen, können Sie bewusst auch einmal zu einer anderen Brille greifen. Dies ist besonders dann ratsam, wenn Ihnen Ihre alte Brille bislang eine positive und entspannte Sichtweise aufs Leben nicht wirklich ermöglicht hat. Viele Perspektiven einnehmen zu können, ermöglicht einen größeren Handlungs- und Gestaltungsspielraum im Leben und macht uns dadurch freier. Es hilft uns aber auch, uns selbst und unsere Positionen immer wieder zu relativieren. Diese Fähigkeit kann vor Fundamentalismus und Dogmatismus bewahren.

So, wie sich eine Perspektive verändert, wenn man den eigenen Betrachtungspunkt verändert und daher etwas Neues sieht, kann man auch seine Haltungen und Meinungen verändern, weil sie nicht die Wirklichkeit an sich sind. Die Skeptiker versuchten sich in die Kunst des Perspektivwechsels einzuüben, denn viele und verschiedene Perspektiven einnehmen zu können, ist eine Sache der Übung.

Wir sehen: Denken ist nichts, was von ganz alleine passiert, nur weil wir einen Kopf haben. Wer philosophisch denken möchte, kommt ums Üben nicht herum.

Um einen Perspektivwechsel zu vollziehen, ist es hilfreich, die andere Seite bewusst in den Blick zu nehmen. Dies gelingt uns, wenn wir Argumente sammeln, welche die andere Seite stark machen. Dies ist, nebenbei bemerkt, eine der klassischen Aufgaben des Denkens!

Der skeptische Philosoph Karneades beherrschte die Kunst perfekt. Als er mit einer Gesandtschaft griechischer Philosophen von Athen nach Rom kam, hielt er an zwei aufeinanderfolgenden Tagen erst eine Rede für die Gerechtigkeit und dann eine gegen sie. Letztere stieß bei den etablierten römischen Eliten nicht gerade auf Begeisterung, da sie sahen, dass diese Methode geeignet war, die bestehende Ordnung doch etwas ins Wanken zu bringen. Dass die Skeptiker ein gewisses Vergnügen daran fanden, ihre Umwelt zu provozieren, dürfte offensichtlich sein. Wenn wir versuchen, neue Perspektiven in unser Leben und unsere Betrachtung zu integrieren, dann reicht es für den Anfang aber vielleicht auch, wenn wir einfach einmal ganz bescheiden bei uns und unseren Lieblingsvorurteilen anfangen und ein paar Argumente suchen, wieso diese

Überzeugungen doch nicht zu einhundert Prozent stimmig sein müssen.

Thinking is the best way to travel

Ich möchte zum Schluss dieses Kapitels noch auf einen Aspekt des Denkens zu sprechen kommen, der sicherlich nicht alle Menschen anspricht, der aber auch wesentlich zum Denken gehört. Dieser Aspekt ist vermutlich der Grund, weshalb die Philosophie als Disziplin nie ausgestorben ist und weshalb sich auch heute noch immer Menschen mit Philosophie beschäftigen: Es ist die simple Freude an der geistigen Tätigkeit.

Denken ist ein aktiver und kreativer Prozess. Beim Denken sind wir beteiligt und konsumieren nicht nur. Im Denken können sich uns neue Welten erschließen. Die britische Rockband Moody Blues hat 1968 diesen Aspekt des Denkens in einem Lied besungen. Dort heißt es:

> *„And you can fly*
> *High as a kite if you want to*
> *Faster than light if you want to*
> *Speeding through the universe*
> *Thinking is the best way to travel"*

(„Du kannst so hoch wie ein Drachen fliegen, wenn du magst; schneller als Licht, wenn du magst; durch das Universum sausen; Denken ist die beste Art zu reisen").

Ich glaube, dieser Aspekt des Denkens wird heute viel zu wenig beachtet: Denken macht eben auch deshalb Spaß, weil wir Menschen wissensdurstige Wesen sind. Wer einmal Kinder beobachtet, deren Wissensdrang nicht bereits im frühkindlichen Alter durch übermäßigen Medienkonsum abgetötet wurde, weiß, was ich meine. Ein Teil der menschlichen Natur besteht darin, wissen und verstehen zu wollen. Wir möchten den Dingen auf den Grund gehen, unabhängig davon, ob wir ihn erreichen oder nicht.

Sich von Zeit zu Zeit den Kopf und das Gehirn zu „verrenken", kann wirklich Freude machen, weil sich so neue Erkenntnisse erschließen. Ich hoffe, jede und jeder von Ihnen durfte schon öfter im Leben erfahren, wie gut sich das anfühlt. Und hier sind wir beim emotionalen Gehalt des Denkens: Wenn sich uns etwas Neues erschlossen hat, eine Einsicht, die zuvor nicht da war, und die nun eine völlig neue Perspektive ermöglicht, so ist das, als wenn man den Schlüssel zu einer verschlossenen Türe findet, diese öffnet und sich unvermittelt in einem tollen neuen Raum befindet, den man bis dato noch nie gesehen hatte. Vielleicht ist dies der Grund, weshalb Immanuel Kant, einer der Großen in der Geschichte der Philosophie, seine Heimatstadt Königsberg nie verlassen hat. Wir müssen natürlich nicht wie Kant ein ganzes Leben an einem Ort verbringen, aber wie Kant dem Denken auf die Schliche kommen zu wollen, kann die eigene Lebensqualität erheblich verbessern.

Lassen Sie sich auf das Abenteuer Philosophie ein!

Nichts bleibt, wie es ist. Na und!

Veränderung ist eine der wesentlichsten Tatsachen unseres Lebens. Nichts bleibt dauerhaft gleich. Alles verändert sich, wenn auch in unterschiedlichen Geschwindigkeiten und Ausprägungen. Aber vermutlich hat es in der Geschichte der Menschheit noch keine Zeit gegeben, in der sich gesellschaftliche, soziale und vor allem technische Veränderungen so schnell vollziehen, wie wir das heute erleben. Bis zu Beginn der Industrialisierung mussten sich Menschen, was technische Entwicklungen anbelangte, auf nicht allzu viele Veränderungen einstellen. Auch der eigene Lebensweg war relativ klar vorgezeichnet. Es waren eher von außen kommende Ereignisse, wie Kriege, Seuchen oder durch Wetter verursachte Ernteausfälle, die zu einem Einbruch in die vertraute Lebensweise führten und diese radikal verändern konnten.

Obwohl wir wissen, dass Veränderung wesentlich zum Leben gehört, kann sie uns ängstigen und verunsichern. Dass hat u.a. damit zu tun, dass unsere psychische Grundstruktur zunächst einmal auf Sicherheit aus ist. Veränderung beinhaltet nämlich nicht nur den Reiz des Neuen, sondern auch den Verlust des Vertrauten. Wie wir mit Veränderungen umgehen, ob sie uns eher ängstigen oder ob uns die Aussicht auf das Neue erfreut, hat zudem viel mit unserer Persönlichkeit zu tun.

Der Persönlichkeitstest ‚Big Five' geht von fünf Persönlichkeitsmerkmalen aus. Dazu gehören Neurotizismus, Extraversion, Offenheit für Erfahrungen, Gewissenhaftigkeit und Verträglichkeit. Die individuelle Persönlichkeit eines Menschen lässt sich dadurch beschreiben, wie ausgeprägt diese fünf Faktoren bei ihm sind. Wer einen hohen Extraversionswert, einen hohen Wert bei Offenheit und einen niederen Neurotizismuswert hat, ist z.B. von Haus aus Veränderungen gegenüber positiver eingestellt als ein Mensch, bei dem das Profil die umgekehrten Werte aufweist.

Einer ungeteilten Begeisterung für Veränderungen steht bei den meisten von uns auch unsere evolutionäre Vergangenheit im Weg. Wir können nämlich Risiken deutlich besser vorwegnehmen und uns diese klarer ausmalen als mögliche Chancen. Ferner benötigt unser Gehirn große Mengen Energie, um Neues zu verarbeiten. Je mehr bekannte Routine ein System durchläuft, desto niedriger ist sein Energielevel. Unser Gehirn findet den Energiesparmodus attraktiver als den Energieverschwendungsmodus. Nur eine Minderheit von Menschen sucht und schätzt daher von sich aus stets den Reiz des Neuen. Der große Rest liebt zunächst mehr das Bewährte und Vertraute.

Dies ist wohl auch der Grund, weshalb in der Geschichte der Menschheit etliche Kulturen Veränderungen zu vermeiden versuchten und das gesellschaftliche Leben um den Pol des Gleichbleibenden gestalteten bzw. das Bewahren der Tradition zum wichtigsten Gut in der je eigenen Gruppe erklärten. Je weniger Veränderung stattfindet, desto weniger unkalkulierbare Risiken gibt es für eine Gemeinschaft.

Der französische Kulturphilosoph und Ethnologe Claude Lévi-Strauss unterschied in seinem Werk „Das wilde Denken" Kulturen nach ihrem Verhältnis zum Wandel. Während Naturvölker eher traditionsbewahrend sind, sind moderne Gesellschaften von einer permanenten Entwicklung und Veränderung gekennzeichnet. Die bewahrenden Kulturen nannte er kalte Kulturen im Unterschied zu den heißen, stets Veränderung forcierenden modernen Kulturen.

Auch wenn heute mehr oder weniger die heißen Kulturen die Welt bestimmen, sollten wir uns bewusst machen, dass unsere biologische Verfasstheit eher das Leben der kalten Kulturen präferiert. Zudem reagieren Menschen auch in heißen Kulturen sehr unterschiedlich auf Veränderungen. Wenn es um die Gestaltung großer Veränderungen geht, sei es im beruflichen oder im gesellschaftlichen Bereich, ist es wichtig, zu berücksichtigen, dass nicht alle Menschen jung, dynamisch, flexibel, polyglott und weitgereist sind. Nicht jeder hat Praktika in verschiedensten Metropolen der Welt absolviert und betrachtet Veränderung als spannende Herausforderung. Wir sollten also die menschliche Widerstandskraft dem Wandel gegenüber nicht unterschätzen, wenn wir Veränderungen positiv gestalten möchten. Je weniger Angst Menschen nämlich vor etwas haben, desto eher sind sie bereit, sich damit zu beschäftigen.

Jeden Tag Geburtstag feiern?

Die Beschäftigung mit dem Veränderlichen und damit verbunden mit dem Unveränderlichen ist ein altes philosophisches Thema. Aus der Beobachtung der Natur leiteten unsere Vorfahren ab, dass Veränderung ein Strukturprinzip unserer Welt sein müsse. Einer der Ersten, der darauf sein philosophisches Denken aufbaute, war Heraklit von Ephesus. Berühmt und oft zitiert ist sein Ausspruch: „Es ist unmöglich, zweimal in denselben Fluß hineinzusteigen."[8] Alles in dieser Welt befindet sich seiner Ansicht nach in einem permanenten Wandlungsprozess. Veränderung ist das unserer Welt zugrunde liegende Prinzip. Wenn sich etwas verändert, dann wird es zu etwas anderem oder es vergeht und etwas Neues entsteht. Veränderung ist somit nicht nur ein materielles Phänomen, sondern auch ein zeitliches.

In Heraklits Denken ist die Welt aus Gegensatzpaaren aufgebaut. Veränderung findet statt, wenn sich etwas von der einen Seite zur anderen hin verschiebt, von warm zu kalt, von gut zu schlecht, vom Frieden zum Krieg ... Aber noch etwas betonte Heraklit: Die Gegensätze sind aufeinander bezogen. Keine Seite kann ohne die andere existieren. Die Rede von warm ergibt nur Sinn, wenn wir wissen, was kalt ist, und umgekehrt.

Wir können die Schönheit und das Besondere einer Reise nur genießen, weil wir die Routine und das Gewöhnliche kennen, von dem aus das Besondere als das Besondere erlebbar ist. Möchten Sie wirklich 365 Tage im Jahr

Geburtstag feiern? Wahrscheinlich finden Sie nach einiger Zeit die Torte nur noch fade und die Geschenke, die Sie bekommen, haben ihren Reiz verloren. Nur weil auf den Geburtstag wieder der Alltag folgt, ist der Geburtstag ein besonderer Tag.

Die Gegensätze sind für Heraklit nicht einfach unversöhnliche Elemente, die sich voneinander abgrenzen, sondern bilden eine Einheit. Diese Einheit ist kein statisches Objekt, sie ist etwas höchst Dynamisches. Sie ist auch nicht visuell zu sehen, sondern wird durch das Denken erkannt. Aus Heraklits Sicht sind dazu bedauerlicherweise aber nur ganz wenige Menschen in der Lage, nämlich die echten Philosophen. Von der großen Masse, die Heraklit zeitlebens suspekt war und von der er recht wenig hielt, heißt es in einem seiner Fragmente:

> *„Sie verstehen nicht, wie es [das Eine] auseinanderstrebend ineinander geht: gegenstrebige Vereinigung wie beim Bogen und der Leier."*[9]

Gibt es nicht auch etwas Unveränderliches?

Heraklit verwies in seiner Analyse des Wandels darauf, dass Veränderung immer auch etwas zugrunde liegt, was die Gegensatzpaare verbindet.

> *„Der Weg auf und ab ist ein und derselbe."*[10]

Wer schon einmal eine schweißtreibende Bergtour unternommen hat, der wird zu Recht sagen: „Der Weg nach unten fühlt sich aber ganz anders an als der nach oben." Es ist nicht nur so, dass der Weg nach oben eher schweißtreibend ist und der nach unten eher meniskusstrapazierend, sondern wir sehen andere Dinge. Dennoch ist es ein und derselbe Weg. Der Weg ist der Rahmen, der alles zusammenhält, was auf ihm an unterschiedlichen Ereignissen passiert.

Doch was ist es, das uns Veränderung erkennen lässt? In der Regel ist es eine Beobachtung von etwas über einen längeren Zeitraum hinweg. Wir betrachten etwas und sehen, dass es sich nach einer gewissen Zeit ändert. Mal dauert dieser Prozess länger, mal vollzieht er sich schneller. Damit wir aber von Veränderung sprechen können, braucht es noch etwas, etwas das nicht dieselbe Veränderung durchläuft. Wandel kann nämlich nur erkannt und erfahren werden, wenn es etwas gibt, was sich nicht verändert. Gäbe es nur Wandel, könnten wir diesen gar nicht erkennen. In dem Moment, in dem wir den Wandel als Wandel erkennen, haben wir denkerisch einen Metastandpunkt eingenommen.

Es handelt sich dabei um ein anderes, ein höheres Reflexionsniveau als die Einzelerkenntnis, die ja zunächst nur etwas wahrnimmt. Solange wir kein ‚Einheitsprinzip' haben, anhand dessen wir unsere vielen Einzelerfahrungen abgleichen, können wir nicht von Veränderung sprechen. Veränderung als generelles Strukturprinzip unserer Welt kann nur von einer Metaebene aus erkannt werden. Wir können Unterschied, Veränderung, Differenz und Perspektivik nur als solche wahrnehmen, wenn es einen Punkt gibt, der – bildhaft gesprochen – außerhalb oder darüber liegt. Dass die hundert Ansichten eines Berges nicht hundert Berge sind, sondern nur hundert Ansichtsweisen *eines* Berges, sehen wir nur von einem Punkt aus, der so viel Distanz schafft, dass der Überblick über den ganzen Berg möglich ist. Wenn wir diesen Punkt nicht haben, existieren in unserer Wahrnehmung eben hundert verschiedene Berge.

Dieser Überblickspunkt, der uns erkennen lässt, dass die hundert Berge, um im Bild zu bleiben, in Wirklichkeit nur hundert verschiedene Betrachtungsweisen eines einzigen Berges sind, liegt in unserem eigenen Denken. Er sorgt dafür, dass wir die sich wandelnde Wirklichkeit, zu der auch wir gehören, als eine einheitliche erfahren. Ihm verdanken wir es, dass uns die Welt nicht in ein unendliches Splittermeer zerfällt. Platon nannte daher den Philosophen einen Synoptikos, einen, der die unendlich vielen Perspektiven dieses Daseins ‚zusammenschaut' und deshalb weiß, dass es trotz allen Wandels stets auch einen Punkt gibt, der sich nicht wandelt.

Weil wir den Wandel erkennen, sind wir nie völlig identisch mit ihm. Wandel, Relationalität, Bedingtheit, Veränderung gibt es nur, wo es auch etwas Unveränderliches, Unwandelbares, Unbedingtes gibt. Auch unser Wandelphilosoph Heraklit wusste dies, als er erklärte:

„In dieselben Fluten steigen wir und steigen wir nicht: wir sind es und sind es nicht."[11]

Wir partizipieren also stets am Unwandelbaren, wenn auch nicht in seiner unmittelbaren Form. Zunächst ist uns dieses durch unser Denken vermittelt, womit es schon wieder in das Relationale hineingezogen ist. Wir können also nicht vom Wandel reden, ohne das Unwandelbare mitzudenken, wie auch umgekehrt.

Die Erkenntnis, dass wir denkerisch so etwas wie Unwandelbarkeit setzen müssen, führt in allen idealistischen Denkrichtungen und spirituellen Traditionen zu der Überzeugung, dass dieses Unwandelbare nicht nur ein gedachtes Unwandelbares sein könne, sondern dass es realiter existieren müsse. Daher begannen Philosophen nach diesem Unwandelbaren zu suchen. Diese Suche scheint der urmenschlichen Sehnsucht nach dem Beständigen und dem Sicheren geschuldet zu sein. Die Hoffnung lautet: Es muss doch etwas geben, worauf ein sicheres Fundament gebaut werden kann.

Wieso nicht alles Wandel ist

Einer der ersten großen Sucher nach diesem absolut sicheren Fundament all dessen, was ist, war Parmenides, ein Zeitgenosse von Heraklit. Ihn interessierte die Frage, ob es bei all der Veränderung nicht etwas gibt, das unveränderlich und unwandelbar ist. Anscheinend ist die Frage nach dem, was das Unwandelbare ist, etwas schwerer zu beantworten als die nach dem Wandelbaren; denn während Heraklit noch stolz behaupten konnte, zu seinen Schlüssen durch eigenständiges Nachdenken gekommen zu sein, musste Parmenides gleich von Beginn an göttliche Unterstützung erbitten, wie wir in seinem leider nur noch fragmentarisch überlieferten Lehrgedicht erfahren.

Der Philosoph wird in diesem Gedicht auf eine mystische Reise zu einer namenlosen Göttin geschickt, deren Reich von Dike, der Göttin der Gerechtigkeit und des Rechts, bewacht wird. Parmenides will wissen, was nun wirklich ist, nicht für einen kurzen Augenblick, sondern für immer und ewig. Gleich zu Beginn seiner Abhandlung betont er, dass diese Frage nach dem, was ist, nicht durch die Sinne, sondern nur durch die Vernunft beantwortet werden kann, denn die Sinne lassen sich täuschen.

Diese Einsicht zieht sich, ganz nebenbei bemerkt, wie ein roter Faden durch die Geschichte der Philosophie und trennt die Idealisten von den Empirikern. Damit gab Parmenides genau vor, wie die Suche nach dem Unveränderlichen abzulaufen habe. Begründungen, die auf sinnlichen Erfahrungen fußen, waren bei ihm nicht zugelassen. Parmenides Frage lautete: **Was ist wirklich? Und wirklich meint hier: Was kann für sich beanspruchen, ewig und unveränderlich zu sein?** Parmenides' Ansicht nach kann uns bei der Beantwortung dieser Frage nur die Vernunft weiterhelfen.

Doch was erkennt die Vernunft? Sie erkennt, dass nur das Seiende ist, sonst wäre es nicht seiend. Das klingt zunächst recht trivial. Etwas ist, weil es ist. Damit darf es sich aber nicht verändern. Es muss immer dasselbe sein. Es darf nur das Seiende sein und nicht sein Gegenteil, das Nicht-Seiende. Parmenides sagt, wenn das Seiende nicht-seiend wäre, wäre es selbstwidersprüchlich, ebenso wenn es seiend und nicht-seiend zugleich wäre. Daher ist nach Parmenides das Seiende ewig, ungeworden, unzerstörbar, unbeweglich, unteilbar, ohne Ende, überall sich selbst gleich und in sich vollendet und abgeschlossen.

Veränderung und Werden gehören somit nicht zum Seienden. Denn wie könnte Veränderung sein? Es müsste ja an dem, was sich verändert – also dem Seienden –, etwas sein, was vor der Veränderung nicht da war (Nicht-Sein) oder nach ihr nicht mehr da ist. Das Seiende kann aber nicht gleichzeitig seiend und nicht-seiend sein. Zudem muss das Seiende ein Denkbares sein, denn nur was ist, kann man denken. Das wirklich Nicht-Seiende kann man nicht denken.

Damit hat Parmenides ein Paradoxon aufgemacht, das uns bis heute beschäftigt, denn wir nehmen natürlich Veränderung wahr. Das große Problem, das im Raum steht, lautet: Wie kann es Veränderung geben, wenn wir sie nicht richtig denken können? Wenn wir von ‚denken' sprechen, dann heißt dies: nach den Gesetzen des Denkens denken. Was bedeutet das? Um denken zu können, müssen wir die

Inhalte des Gedachten zunächst absolut setzen, d.h. eine Aussage kann nicht zugleich ihr Gegenteil sein. Im Falle von Parmenides: Das Seiende kann nicht zugleich nicht-seiend sein. Wenn wir Veränderung nach diesen Gesetzen des Denkens denken wollen, ergibt sich ein Problem. Veränderung definiert sich dadurch, dass zu etwas, das ist, etwas hinzukommt oder etwas davon weggenommen wird. Nur lässt sich dieser Übergang denkerisch nicht zeigen.

Sextus Empiricus, einer der großen Philosophen aus der Tradition der skeptischen Philosophie, verdeutlicht dies an einem anschaulichen Beispiel: am Tod des Sokrates. Wer behauptet, dass Sokrates starb, muss angeben, wann er starb: Dafür gibt es zwei Möglichkeiten: Entweder starb er, als er noch lebte, oder er starb, als er bereits tot war. Wenn er starb, als er noch lebte, müsste er zugleich lebendig und tot gewesen sein. Wenn er starb, als er schon tot war, dann starb er zweimal, was unsinnig ist. Ergo, so Sextus: Sokrates ist nicht gestorben! Natürlich wusste auch Sextus Empiricus, dass Sokrates gestorben war. Nur lässt sich dieser empirische Befund, der mit Veränderung zu tun hat, nämlich dem Übergang von einem Zustand in einen anderen, nicht stimmig denken. Wie gesagt, es geht ums stimmige Denken, nicht ums empirische Beobachten!

Veränderung und Wandel sind zunächst Ereignisse unserer Wahrnehmung. Und weil diese Wahrnehmung über unsere Sinne geschieht, die leider auch vielen Sinnestäuschungen unterliegen, erklärte Parmenides – wie die meisten der großen Philosophen nach ihm – kurzerhand die Sinnenerkenntnis zur bloßen Meinung. Sie ist keine absolut gesicherte Erkenntnis. Alles, was sie erkennt, kann maximal den Status einer Meinung für sich beanspruchen. Aus diesem Grund wollte sich Parmenides auch nicht mit ihr beschäftigen.

Mit seiner Aussage, dass nur das Sein ist, legte er den Grundstein für die gesamte idealistisch ausgerichtete Philosophie des Abendlandes, deren berühmtester Denker sicherlich Platon war. In seinen Gleichnisreden, dem Sonnen-, Linien- und Höhlengleichnis, führte Platon diese Philosophie sehr anschaulich aus. Unsere normale Realität, die wir alltäglich erleben, ist seiner Ansicht nach nur ein Abbild der einen, ewigen Wirklichkeit: des Seins an sich oder der Idee des Guten, wie es bei ihm heißt. Die Idee des Guten ist ewig, unwandelbar und unvergänglich, das genaue Gegenteil unserer erfahrbaren Lebenswelt. Nur die Idee des Guten ist ein Sein an sich, nur sie *ist*. Aus diesem Grund bedeutet gutes Leben für Platon, sich nicht mit dem Abbild zufriedenzugeben, sondern zum Original, dem wahren, unveränderlichen Sein zu streben. Natürlich haben Parmenides oder Platon gesehen, dass sich Dinge in der Welt verändern. Sie bestritten nicht, dass es Veränderung gibt, aber Veränderung war für sie nichts an und für sich Seiendes. Das Wesentliche war für diese Denker nicht das, was sich verändert, sondern, das, was unveränderlich ist.

Ich möchte im Folgenden den Blick jedoch etwas mehr auf den Wandel lenken, denn gerade aus der denkerischen Auseinandersetzung mit dem Wandel können wir lebenspraktisch wirklich etwas gewinnen. Welcher Art dieser Gewinn ist, möchte ich Ihnen jetzt anhand der antiken Skepsis und des Madhyamaka-Buddhismus zeigen.

Wie man erdbebensicher bauen kann

Kaum eine andere philosophische Richtung in Griechenland hat sich so intensiv mit dem Phänomen der Veränderung und des Wandels beschäftigt wie die Skepsis. Skeptiker nannte man diese Philosophen nicht, weil sie alles bezweifelten, sondern weil sie alles untersuchten. Das griechischen Wort ‚skepsis' bedeutet ‚Betrachtung' oder ‚Prüfung'. Das Nachdenken über die Veränderung hatte in der Skepsis eine lebenspraktische Intention. Wenn ich zu der Einsicht gelange, dass sich alles in der Welt in einem Prozess der Veränderung befindet, dann ist es nicht sehr sinnvoll, so zu tun, als gäbe es unveränderliche Inseln, auf die ich mich zurückziehen könnte. Ich muss mein Leben dem Gesetz des Wandels entsprechend gestalten.

Die Skeptiker sahen den Hauptsinn ihres Philosophierens darin, alle dogmatischen Aussagen über die Wirklichkeit als falsch aufzuweisen. Dogmatisch war jede Position, die behauptete, genau so und nicht anders sei eine Sache wesenhaft.

Die Skeptiker versuchten, um ein Bild zu gebrauchen, erdbebensicher zu bauen. Ein erdbebensicheres Gebäude muss nachgeben und schwingen können. Je statischer und starrer es ist, desto schneller stürzt es ein. Für die Skeptiker bedeutete dies, in der Argumentationskunst keine starren Aussagen über die Wirklichkeit zu machen, da die Wirklichkeit nicht das ist, was wir wahrnehmen.

Bevor ich Ihnen zeige, welchen lebenspraktischen Nutzen diese Art des Philosophierens hat, möchte ich gleich den Buddhismus zu Wort kommen lassen, denn dort begegnet uns im 2. Jahrhundert unserer Zeitrechnung eine Philosophietradition, die zu ähnlichen Schlüssen wie die griechischen Skeptiker gelangt.

Die Analyse der Welt ist im Buddhismus keine andere als die, die wir bei den antiken Skeptikern kennengelernt haben: Alles ist relativ. Nichts in dieser Welt ist an und für sich. Alles ist reine Kausalität. Nichts besteht durch sich allein und kann aus sich allein Bestand haben. Nichts verfügt über einen unveränderlichen Kern. Alles ist im Fluss und miteinander verwoben. Heraklit von Ephesus hätte an dieser Lehre sicher Gefallen gefunden.

Der Buddhismus spricht davon, dass die Welt, in der der Mensch lebt, gekennzeichnet ist durch bedingtes Entstehen (in Sanskrit heißt das pratitya-samutpada). Wenn alles in Beziehung, in Relation zueinander steht, alles von etwas anderem abhängig ist, dann bedeutet dies in erster Linie, dass nichts, was existiert, über ein eigenes unveränderliches Wesen verfügt. Daher gibt es für das Relationale weder ein Entstehen aus sich selbst noch aus anderem:

> *„Nicht von selbst, nicht von anderem, nicht aus beidem, nicht grundlos*
> *Entstanden sind irgendwelche Dinge irgendwo (und) irgendwann."*[12]

Was bedingt ist, kann nicht die Ursache für sich selbst sein. Da alles bedingt ist, kann nichts Letztursache für etwas anderes sein, und ohne Grund entsteht überhaupt nichts. Mit diesem Eingangsvers der Mulamadhyamakakarika erwies Nagarjuna in wenigen Worten das allen Menschen vertraute und für real gehaltene Weltbild der Existenz von Dingen und ihres Entstehens als falsch. Weder das Entstehen, das man wahrnimmt, noch die Dinge selbst sind real. Alles Existierende ist ‚anatta', ohne eigenes Sein. Der Zentralbegriff der buddhistischen Tradition lautet hierfür Leere/Leerheit (in Sanskrit ‚shunyata').

Was habe ich jetzt?, werden Sie sich vielleicht fragen. Eine leere Welt? Sehr aufregend klingt das nicht gerade. Nagarjuna würde antworten: Du hast nicht einmal eine leere Welt, denn die Leere ist gerade nichts, was man haben kann. Leere heißt nur, nichts ist aus sich und für sich. Alles ist miteinander verbunden. Wenn nun alles mit allem auf irgendeine Weise verwoben ist, dann ist aber auch nichts voneinander getrennt. Aus dieser Erkenntnis heraus entwickelte der Mahayana-Buddhismus seine Idee vom

Mitempfinden. Weil alles miteinander in Beziehung steht, sind wir überhaupt erst zum Mitempfinden in der Lage.

Doch nicht nur die Entwicklung von Mitempfinden ist einer der lebenspraktischen Aspekte, die aus dieser Analyse entsprang. Wenn alles wesensleer und miteinander verbunden ist, dann ist die Trennung von Immanenz und Transzendenz, von Wandelbarem und Unwandelbarem ebenfalls nur Ausdruck eines Denkens, das nicht begriffen hat, dass die zwei Seiten einer Medaille nicht zwei Medaillen sind. Nagarjuna lehrte daher in seiner Mulamadhyamakakarika: Nirwana (Erlösung) und Samsara (Wandelwelt) sind nicht unterschieden. Was heißt es nun lebenspraktisch, wenn Samsara nicht von Nirwana unterschieden ist? Die Welt mit ihrer ganzen Vielheit und ihrer Veränderung ist immer auch Nirwana.

Sehr schön wird dies im Ochsenzyklus des Zen-Buddhismus aufgezeigt. Dieser beschreibt in zehn Bildern die Geschichte des Suchens und Findens der eigenen Buddha-Natur, die für das Erwachen und das Erlöstsein steht. Das Interessante an dieser Geschichte ist, dass der Zyklus nicht mit dem achten Bild endet, das für das Erwachen steht, also dafür, dass der Mensch seine Buddha-Natur gefunden hat. Der Zyklus endet erst mit dem zehnten Bild, das den Menschen fröhlich lachend mitten auf dem Marktplatz zeigt. Derjenige, der seine Buddha-Natur realisiert hat, ist von nichts mehr getrennt, erst recht nicht vom alltäglichen Leben. In der eigenen Mitte ruhend, nimmt dieser Mensch an der Fülle des Lebens und Seins teil. Nicht die große Leere und Stille der meditativen Erfahrung ist das letzte Ziel, sondern die Integration dieser Erfahrung in den Alltag, die sich dann als die große Fülle des Daseins zeigt. Erlösung heißt, im Wandel zu leben und mit dem Wandel zu leben.

Und das Leben geht weiter

Der Buddhismus hat gezeigt, dass sich aus der Einsicht, dass innerweltlich nichts unveränderlich und konstant ist, sondern alles in dieser Welt einem Prozess des Wandels unterliegt, letztlich etwas Positives gewinnen lässt. Dass das auch ein Stück harte Arbeit ist, möchte ich nicht verschweigen. Diese Arbeit hat nämlich damit zu tun, dass wir unsere Denk- und Sehgewohnheiten verändern müssen. Und das tun wir normalerweise nicht freiwillig.

Oftmals erscheint uns die Erkenntnis, dass nichts unveränderlich ist, zunächst eher bedrohlich denn verheißungsvoll. Schließlich können die vermeintlich sicheren Fundamente, auf denen wir unser Leben aufzubauen versuchen, in sich zusammenfallen. Johann Gottlieb Fichte sprach einmal davon, dass unsere Weltanschauungen eben nicht nur Mäntelchen seien, die wir uns umlegen, sondern dass wir diese immer auch sind.

Mit dem Verlust der eigenen Weltanschauung haben wir das Gefühl, uns selbst zu verlieren. Je mehr wir uns und unser Selbstbild mit diesen Anschauungen verknüpfen, desto weniger gern lassen wir los. Wenn ich mich ganz und gar mit einer bestimmten Rolle identifiziere, z.B. mit der liebenden, aufopferungsvollen Mutter, der erfolgreichen Performerin etc., desto massiver werde ich dafür kämpfen, dass sich daran nichts ändert, denn die Veränderung stellt meine Rolle und damit mich selbst infrage. Wir müssen also immer wieder prüfen, wo lieb gewordene Gewohnheiten zu absolut unverrückbaren Werten werden, wo Traditionen zu Wahrheiten an sich avancieren, wo Selbstbilder Entwicklung verhindern.

Wohin dieser Wunsch nach absoluter Verbindlichkeit in der Lebensgestaltung führt, können Sie sehr anschaulich bei den verschiedensten fundamentalistischen Gruppierungen, seien sie religiöser oder sonstiger Provenienz, sehen. Doch *warum sehnen wir uns so danach, in diesem Leben ein für alle Mal alles verbindlich und endgültig zu bestimmen?* Es handelt sich hier wohl zum einen um die Ursehnsucht der Menschen nach Sicherheit, nach Kriterien, an denen man das Leben ausrichten kann. Hinzu kommt die Angst vor dem Unbekannten.

Wie bereits gezeigt, beinhaltet die Einsicht in die Bedingtheit alles Existierenden auch einen heilsamen Aspekt. Durch den Zusammenbruch der vermeintlich sicheren Fundamente entsteht eine Offenheit, in der etwas Neues entstehen kann. Wir können frei werden für andere Betrachtungsweisen. Eine andere Perspektive einnehmen! Ein zweiter positiver Effekt ist, dass die Einsicht in die Bedingtheit alles Existierenden jeder Art von ungutem Dogmatismus die Grundlage entzieht. Was für mich gut ist, muss für einen anderen Menschen nicht ebenso gut oder passend sein.

Aus diesem Grund forderten die Skeptiker ihre Mitmenschen dazu auf, nicht über das Handeln oder das Verhalten anderer zu urteilen. Aber dürfen oder sollen wir angesichts dessen, dass wir ohnehin nichts Allgemeingültiges erkennen können, gar keinen Standpunkt vertreten? Den Skeptikern zufolge müssen wir uns eben bewusst machen, dass jeder unserer Standpunkte nur situationsbezogen so passt. Wir müssen ganz pragmatisch entscheiden, wissend, dass diese Entscheidung nur jetzt, im konkreten Augenblick, und unter den von uns geprüften Voraussetzungen für uns sinnvoll ist. Das heißt nicht, dass alles völlig willkürlich ist, denn es gibt situationsbezogen durchaus bestimmte Kriterien, nach denen wir unser Handeln ausrichten können.

Innerhalb eines bestimmten Systems gelten Bedingungen und Voraussetzungen, mit denen wir arbeiten können und die eine gewisse Stabilität und Verlässlichkeit gewähren, weil sie plausibel erscheinen. Aus diesem Grund lehrte Karneades, einer der maßgeblichen Vertreter der sogenannten akademischen Skepsis, die Lehre von der Wahrscheinlichkeit. Wenn wir bestimmte Informationen haben, dürfen wir – bis das Gegenteil bewiesen ist – davon ausgehen, dass manches stimmiger ist als anderes. Nicht alles in der Welt ist gleich unsicher. Es gibt Dinge, die wahrscheinlicher sind als andere.

„Wahrscheinlich" meint, dass es gute Gründe gibt, etwas für wahr zu halten, was aber nicht ausschließt, dass es trotzdem falsch sein kann. Wenn manche Meinungen, Ereignisse, Sachverhalte stimmiger erscheinen als andere, dann kann man sich handlungspraktisch auch an ihnen orientieren; denn die Wahrscheinlichkeit ist geringer als bei anderen Optionen, dass sie sich als falsch erweisen werden. Wir handeln demnach immer bestimmten Annahmen gemäß. Wichtig ist, dass wir unsere eigenen Setzungen immer nur als solche behandeln und niemals als absolute Gewissheit. Dies ermöglicht es uns nämlich, die Richtung unseres Denkens und Handeln zu ändern.

Die Skeptiker verwiesen aber noch auf einen weiteren sehr wichtigen Aspekt: Je weniger es um objektive Sachverhalte geht, desto subjektiver und ‚kultureller' wird unser Bewertungsmaßstab. Viele Bräuche und Gepflogenheiten, die wir befolgen und für wesentlich erachten, entstammen subjektiven und kulturellen Normen und Werten, die nicht an und für sich so sind, sondern die sich entwickelt haben und sich deshalb auch verändern können. Ich möchte hier keinem ethischen Relativismus das Wort reden, denn im Bereich der Ethik sind nicht alle differierenden Positionen einfach nur unterschiedlich. Manche sind tatsächlich besser und andere schlechter. Die besseren unterscheiden sich von den schlechteren meines Erachtens dadurch, dass sie den Menschen so viel Autonomie zubilligen, dass sie ein selbstbestimmtes Leben führen können, ohne dass diese individuelle Autonomie die der anderen Menschen tangiert.

Darüber hinaus gibt es aber viele Lebensvollzüge, Ideen und Praktiken, die nicht besser oder schlechter sind, sondern einfach anders. Wenn wir uns bei diesen immer wieder bewusst machen, dass sie einfach nur verschiedene Perspektiven sind, aus denen man das Leben betrachten kann, fällt es uns leichter, diese auch zu akzeptieren und zuzulassen, da wir uns von ihnen in unserem eigenen Dasein nicht in Frage gestellt fühlen.

Vielleicht hilft es uns, etwas toleranter zu werden, wenn wir uns vergegenwärtigen, dass wir selbst in unserem eigenen Leben schon öfter Haltungen oder Meinungen zu verschiedenen Themen verändert haben. Nicht alle Ideen, die wir als junge Menschen hatten, vertreten wir noch, wenn wir älter werden. Und manches, was uns einst begeistert oder verärgert hat, lässt uns heute völlig kalt. Manchmal haben sich Lebensumstände verändert, manchmal haben wir neue Erkenntnisse hinzugewonnen, und manchmal haben wir einfach nur das Interesse an einer Sache verloren. Nichts muss ewig so bleiben, wie es war. Und das ist gut so.

Der Sinn des Lebens.
Was, wenn's ihn gar nicht gibt?

Wahrscheinlich haben Sie sich beim Lesen dieser Überschrift gedacht, dass Sie jetzt mitten im Zentrum der Philosophie gelandet sind. Welche Disziplin, wenn nicht die Philosophie, stellt schon die Frage nach dem Sinn unsers Daseins! Wenn man zusammensitzt und über den Sinn oder Unsinn des Lebens nachdenkt, haben die meisten von uns sicherlich das Gefühl, irgendwie etwas Philosophisches zu tun. Es wird Sie daher vielleicht erstaunen zu hören, dass diese Frage nicht zu den Kernthemen der alten Philosophie gehört, zumindest wenn man es an der Menge dessen misst, was Philosophen dazu bislang gesagt haben.

„Was ist der Sinn des Lebens?" Platon hätte bei dieser Frage vermutlich etwas irritiert geschaut und geantwortet: „Das gute Leben, was denn sonst." Auch wenn sich die antiken Denker, wie bereits mehrfach betont, gegenseitig nicht immer ganz grün waren, was die inhaltliche Füllung dieses Satzes anbelangt, so hätten doch die allermeisten Platon zugestimmt. Der Sinn des Lebens ist das gute Leben. Zum „guten Leben" wird das Leben Platons Überzeugung nach, wenn der Mensch bereit ist, über sich und die Welt nachzudenken, wenn er also philosophiert. Ende, aus. Was Philosophen sonst noch unter einem guten Leben verstanden haben, das können Sie im Kapitel „Das Glück ist ein Rindvieh ... Oder doch nicht?" nachlesen. Die Vorstellung, dass das Leben durch und durch sinnlos sein könnte, hätte kaum ein antiker Denker für eine besonders überzeugende oder plausible Vorstellung gehalten – weder im Westen noch im Osten.

Aber auch ein mittelalterlicher Mensch hätte sich angesichts der Frage nach dem Sinn etwas verwundert die Augen gerieben. „Das ewige Leben bei Gott", wäre wahrscheinlich seine Antwort gewesen. Mehr oder weniger alle großen Religionssysteme verorten den Sinn des Lebens in der Transzendenz, also in einem Bereich, der das rein physisch Fassbare übersteigt. Der Sinn des Lebens liegt demnach für sie darin, dass der Mensch sich und seine begrenzte physische Natur in ein Größeres hineintranszendiert oder sich von der Vorstellung löst, seine materielle Existenzform wäre die allein entscheidende.

Das menschliche Leben war und ist in mehr oder weniger allen religiösen Traditionen auf einen jenseitigen Sinn hin orientiert. Diese Vorstellung hat natürlich Auswirkung auf die Gestaltung des eigenen Lebens, denn was einem im Leben widerfährt, muss dann auf irgendeine Weise mit dieser transzendenten Größe in Zusammenhang stehen. Auch wenn der Einzelne diesen Zusammenhang erst postmortal erfährt oder versteht, gilt er als vorausgesetzt. Jahrtausende lang hat diese Vorstellung vielen Menschen Halt und Sinn gegeben.

Doch mit der Neuzeit, spätestens seit Ende des 19. Jahrhunderts, scheint es mit diesem Sinnkonzept zunehmend

Probleme zu geben. Das hängt u.a. damit zusammen, dass die Vorstellung der Transzendenz, die mit einem personalen Gott verbunden ist, immer weniger Menschen in unseren Breiten so richtig überzeugt. Allerdings ist damit die Sinnfrage nicht vom Tisch. In der zeitgenössischen Philosophie ist die Auseinandersetzung mit dem Sinn des Lebens wieder stärker in den Vordergrund getreten. Aber nicht nur Philosophen beschäftigen sich mit dieser Frage. Besonders Psychologen kümmern sich intensiv um dieses Thema; denn wenn Menschen existenziell keinen Sinn mehr in ihrem Leben erfahren, wird es lebensbedrohlich.

Wer ein Warum zum Leben hat, erträgt fast jedes Wie

Viktor Frankl, der große österreichisch-jüdische Psychotherapeut, der den Horror des KZ überlebt hatte, sagte in einer seiner Schriften: „Die Suche nach einem Sinn des eigenen Lebens ist die grundlegende Sorge des Menschen." Und er fügte hinzu: „Und es gibt nichts auf der Welt, so wage ich zu behaupten, was dem Menschen so nachdrücklich helfen kann, zu überleben und gesund zu bleiben, wie das Wissen um eine Lebensaufgabe."[13] Frankl überlebte das KZ nicht nur, sondern er blieb so gesund, dass er nach dem Krieg Tausenden von Menschen mit der von ihm entwickelten Logotherapie helfen konnte.

Frankls Logotherapie unterstützt die Menschen bei der Suche nach ihrem Sinn des Lebens. Dass eine Lebensaufgabe allein nicht ausreicht, wusste natürlich auch Frankl.

Eine bedeutende gesellschaftliche Funktion innezuhaben, führt allein noch nicht zum Sinn, wenn diese Funktion subjektiv nicht als sinnvoll erlebt wird.

Die Beschäftigung mit dem Sinnthema ist nicht nur eine gedankliche Spielerei, sondern sie hat unmittelbare lebenspraktische Auswirkungen. Ich werde noch auf den Unterschied eingehen, den es macht, ob man gedanklich keine höhere Sinnhaftigkeit im Leben anerkennen möchte oder ob man keinen Sinn im Leben mehr erlebt. Forschungen aus dem Bereich der Depression zeigen uns, wie belastend die Abwesenheit von Sinn sein kann. Depressiven Menschen ist genau jener Sinn, der das Leben erträglich und lebenswert macht, zumindest partiell abhandengekommen.

Aber auch jenseits von Depression ist der Zusammenhang von Sinn und Gesundheit offensichtlich. Menschen, die ihr Leben als sinnvoll erleben, kümmern sich besser um ihre Gesundheit und tun weniger Dinge, die diese gefährden. Dies führt in der Regel dazu, dass sie länger leben. Doch was meines Erachtens noch viel wichtiger ist als die Lebensspanne, das ist die Qualität des Lebens. Menschen, die ihr Leben als sinnvoll erfahren, bewerten es als gut. Wenn das kein Grund ist, den Sinn des Lebens zu suchen und zu finden!

Allerdings stecken wir jetzt mitten im Dilemma, denn suchen kann man nur das, was man kennt. Wenigstens annäherungsweise muss man wissen, wonach man suchen soll. Wie also den Sinn des Lebens suchen, wenn er eine völlig unbekannte Größe ist?

Nähern wir uns dem Mysterium ‚Sinn' zunächst durch die Psychologie an, denn in der Psychologie versucht man seit einiger Zeit, dem Sinn empirisch auf die Schliche zu kommen, indem man Menschen befragt, was sie persönlich als sinnstiftend erleben und was nicht.

Die fünf Säulen des Sinns

Die an der Universität Innsbruck lehrende Psychologieprofessorin Tatjana Schnell beschäftigt sich seit einigen Jahren intensiv mit dem Thema Sinn und dem, was Menschen ihr Leben als sinnvoll erleben lässt. Dazu haben sie und ihr Team empirische Studien durchgeführt. Bei der Auswertung der Befragungen kristallisierten sich fünf Dimensionen heraus, die Sinn konstituieren bzw. dazu führen, dass Menschen ihr Leben als sinnvoll erfahren.

Zu diesen fünf Bereichen gehören:
- Selbsttranszendenz (horizontal),
- Selbsttranszendenz (vertikal),
- Selbstverwirklichung,
- Wir- und Wohlgefühl sowie
- Ordnung.

Unter *horizontale Selbsttranszendenz* fällt alles, was man als Engagement für einen höheren Wert bezeichnen kann.

Wenn Sie sich z.B. für andere Menschen oder den Naturschutz einsetzen oder wenn Sie bereit sind, sich mit sich selbst auseinanderzusetzen oder etwas zu tun, was Ihnen bedeutsam erscheint, dann hat das mit horizontaler Selbsttranszendenz zu tun.

Die *vertikale Selbsttranszendenz* umfasst alles, was mit Religion und Spiritualität zusammenhängt. Hier ist aber eines ganz wichtig: Als sinnerfüllend wird Religion nur dann wahrgenommen, wenn sie mit einer tiefen intrinsischen Motivation verbunden ist. Wenn Sie religiöse Praktiken nur ausüben, weil andere dies erwarten oder weil Sie sich Vorteile davon erhoffen – z.B. dass Ihr Leben sinnhafter wird, weil Sie in einer Studie gelesen haben, dass Religion und Spiritualität zu den fünf Säulen der Sinnhaftigkeit gehören – dann werden Sie den sinnerfüllenden Aspekt von Religion ziemlich sicher nicht erleben.

Selbstverwirklichung, der dritte Bereich, wird hier verstanden als die Konzentration auf die eigenen Stärken, Potenziale und Entwicklungsmöglichkeiten. Es geht nicht darum, die eigene Egozentrik auszuleben, sondern sich selbst als Mensch mit eigenen Fähigkeiten wertzuschätzen, kreativ zu werden, zur Selbstbestimmung zu finden usw.

Das *Wir- und Wohlgefühl* – der vierte Bereich – umfasst z.B. die Pflege sozialer Kontakte, die uns Sinn erfahren lassen. Aber auch die Sorge um uns selbst ist in diesem Zusammenhang von Bedeutung. Gemeint ist damit nicht etwa eine rücksichtslose Egozentrik, wohl aber der wohlmeinende Blick auf uns selbst und damit verbunden das

Bedürfnis, es uns ab und zu einmal „einfach gut gehen zu lassen".

Zur Dimension von *Ordnung* – dem fünften der genannten Bereiche – gehören Tradition, Moral, Vernunft und Bodenständigkeit. Zu wissen, wohin man gehört, worin man eingebunden ist, was zu tun ist: Auch das führt dazu, dass wir unser Dasein als sinnvoll erleben.

Es wird Sie wahrscheinlich nicht verwundern, dass die ersten drei Bereiche – horizontale und vertikale Selbsttranszendenz sowie Selbstverwirklichung – für das persönliche Sinnerleben am wichtigsten sind. Doch auch die anderen beiden Dimensionen sind nicht zu unterschätzen. Je mehr wir aus diesen fünf Bereichen aktivieren können und je ausbalancierter diese sind, desto größer ist unser individuelles Erleben von Sinnhaftigkeit. Wenn Sie sich nur um die vertikale Selbsttranszendenz bemühen, indem Sie z.B. täglich stundenlang meditieren, aber keine sozialen Kontakte pflegen und sich um nichts und niemanden sonst kümmern, führt dies auf lange Sicht vermutlich zu weniger Sinnerfüllung, als wenn Sie zudem auch in Austausch mit anderen Menschen treten. Ausnahmen bestätigen – wie so oft – natürlich die Regel.

Sinnerfüllung entsteht durch verschiedene Faktoren, die mit einer bestimmten Haltung dem Leben gegenüber zu tun haben. Die Bereitschaft, sich aktiv mit sich selbst auseinanderzusetzen, spielt dabei eine ebenso wichtige Rolle. Selbsterfahrung und horizontale Selbsttranszendenz können wir bis zu einem gewissen Grad gestalten. Ich sage bewusst „bis zu einem gewissen Grad", denn unsere Lebensumstände, in die wir hineingeboren werden, ebenso wie die Gesellschaft, in der wir leben, suchen wir uns nicht aus (es sei denn, Sie glauben an Karma). Beide Faktoren entscheiden aber zu einem nicht unerheblichen Maß über unsere weiteren Chancen im Leben.

Die vertikale Selbsttranszendierung in und durch die Religion, die viele Jahrhunderte mehr oder weniger bestimmend für die Erfahrung von Sinn war, ist heute nur noch einer der drei großen Bereiche, die mit Sinnerfahrung zu tun haben. Das liegt daran, dass man es sich in der Regel nicht aussucht, gläubig zu sein oder nicht. Wen Glaubenssysteme und ihre Lehren weder im Kopf noch im Herzen ansprechen, der wird nicht religiös, so sehr er sich auch bemüht.

Noch etwas Interessantes offenbart die Studie von Tatjana Schnell: Ein Drittel der befragten Personen macht sich gar keine Gedanken über den Sinn des eigenen Lebens und leidet auch nicht darunter. Dieser Personengruppe liegt nach den empirischen Befragungen insgesamt sehr wenig an Selbsterkenntnis oder daran, sich selbst zu transzendieren.

Sollten Sie sich nicht dauernd die Sinnfrage stellen, heißt das natürlich nicht, dass Sie zwangsläufig zu dieser Gruppe gehören. Wer nämlich sein Leben als erfüllt und sinnvoll empfindet, stellt sich die Frage nach dem Sinn seines Lebens auch nicht allzu oft.

Dennoch können wir uns der Sinnfrage im Leben nicht dauerhaft entziehen. In der Regel holt sie uns irgendwann ein, spätestens wenn wir mit Grenzsituationen, wie Krankheit, Leid, Verlust oder Tod, konfrontiert werden. Die klassische Frage lautet dann meistens: „War oder ist das Leben, das ich gelebt habe bzw. lebe, sinnvoll?" Oder noch viel drastischer: „Habe ich überhaupt gelebt?"

Grenzsituationen als Sinnerfahrungsmöglichkeit

Der deutsche Philosoph Karl Jaspers sah in der Begegnung des Menschen mit solchen Grenzerfahrungen, die alles andere als erfreulich sind, eine Möglichkeit, Sinn zu erleben. Vielleicht hing es mit Jaspers ursprünglicher beruflicher Tätigkeit – er war Psychiater – zusammen, dass er die Sinndimension in seiner Philosophie so stark betonte. Dort, wo der Mensch an seine Grenzen kommt, wo er scheitert, kann sich ihm nach Jaspers' Überzeugung etwas ganz anderes zeigen.

> *„Es ist entscheidend, wie er das Scheitern erfährt: ob es ihm verborgen bleibt und ihn nur faktisch am Ende überwältigt, oder ob er es unverschleiert zu sehen vermag und als ständige Grenze seines Daseins gegenwärtig hat; ob er phantastische Lösungen und Beruhigungen ergreift, oder ob er redlich hinnimmt im Schweigen vor dem Undeutbaren. Wie er sein Scheitern erfährt, das begründet, wozu der Mensch wird."*[14]

Jaspers thematisiert hier etwas, was viele Philosophen für notwendig erachten, wenn es um das Erleben der eigenen Sinnhaftigkeit geht: Menschen dürfen sich der Auseinandersetzung nicht verweigern. Sie dürfen nicht vor ihr flüchten. Doch genau das tun wir sehr oft. Es liegt nicht nur an unserem Wirtschaftssystem, dass die moderne Konsumindustrie so schnell wachsen konnte, sondern auch daran, dass wir den Konsum zu einer Ersatz-Sinnstiftung gemacht haben. Wer konsumiert, tut etwas und ist beschäftigt. Man muss sich dann nicht mehr mit sich selbst auseinandersetzen. Jaspers spricht von der Beruhigung, die der Mensch sucht, die aber keine echte Beruhigung ist.

Wo der Mensch seinem Scheitern hingegen nicht ausweicht, kann er sich selbst begegnen. Wenn dies passiert, findet er nach Jaspers' Überzeugung zu seiner Existenz. Existenz bezeichnet die Lebensform, in der der Mensch tatsächlich zu sich selbst gefunden hat und nicht mehr einfach nur als physisches Wesen vor sich hinlebt. Jaspers unterscheidet Existenz vom bloßen Dasein. Damit ist er in der Moderne nicht allein, weshalb eine ganze philosophische Richtung im 20. Jahrhundert als Existenzialismus oder als Existenzphilosophie bezeichnet wird. Dasein hat jeder vom Moment der Geburt an, nicht aber Existenz. Zur Existenz müssen wir finden, indem wir den Grenzerfahrungen nicht ausweichen, sondern uns ihnen stellen. Die Suche nach dem Sinn des Daseins und die Begegnung mit ebendiesem Sinn hängen für Jaspers maßgeblich an der Bereitschaft des Menschen, sich mit sich selbst auseinanderzusetzen.

Existenz ist bei Jaspers noch eng mit einem anderen Begriff verbunden, dem der Transzendenz. Diese ist aber nichts, was uns objektiv vorgegeben ist. Jaspers hütete sich zeitlebens davor, diese Transzendenz inhaltlich zu bestimmen. Seiner Ansicht nach zeigt sich Transzendenz in vielen Bildern, die er Chiffren nannte. Wer diese Chiffren in der Welt und in diesem Leben lesen kann, erfährt Transzendenz in seinem Dasein und mit ihr auch Sinn – seinen eigenen Sinn. Alles im Leben kann zu einer solchen Chiffre werden, wobei die Chiffre nie die Transzendenz selbst ist, denn Transzendenz ist nicht erkennbar oder bestimmbar. Ein Leben, das nicht zur Existenz und damit nicht zur Transzendenz gefunden hat, hat nach Jaspers auch nicht zum Sinn gefunden.

Aufgabe der Philosophie ist es, die Menschen beim Erkennen und Lesen dieser Chiffren zu unterstützen. Aus diesem Grund ist Philosophieren für Jaspers ein ‚Weltüberwinden', wie er es nannte. Die Welt wird aber nicht überwunden, indem sie negiert wird, sondern indem die Philosophie den Menschen einen Raum eröffnet, der mehr ist als ihr bloßes Dasein. In diesem Raum vollzieht sich Jaspers' Ansicht nach echtes Menschsein.

Gibt's denn überhaupt einen Sinn?

Wenn wir einen Blick auf die zeitgenössische philosophische Auseinandersetzung mit der Sinnfrage werfen, dann begegnet uns noch eine andere Sichtweise als die, die Karl Jaspers vertritt. Ein nicht unerheblicher Teil der modernen

Philosophen bestreitet nämlich schlichtweg, dass es so etwas wie einen Sinn im Leben geben könne. Und diese Philosophen waren bzw. sind keineswegs alle depressiv. Bei Weitem nicht alle Sinnbestreiter leiden darunter, dass sie von der Sinnlosigkeit des Daseins überzeugt sind. Wie eingangs schon bemerkt, macht es einen großen Unterschied, ob man gedanklich keine höhere oder objektive Sinnhaftigkeit im Leben anerkennt oder ob man keinen Sinn im Leben mehr erlebt. Wenn wir vom Sinn des Lebens in philosophischer Weise sprechen, dann ist es hilfreich, zwei Sinndimensionen zu unterscheiden: den objektiven und den subjektiven Sinn. *Objektiver Sinn* meint, dass dieser mehr oder weniger allen Menschen zugänglich ist und dass auch alle das Gleiche als sinnvoll erleben oder erfahren. Ich sprach eingangs davon, dass ein mittelalterlicher Mensch den Sinn seines Lebens als ein Sein bei Gott definiert hätte. Dieses Ziel und diesen Sinn teilten die meisten Menschen im Mittelalter. Daher kann man davon sprechen, dass der objektive Sinn für die Menschen jener Zeit das Sein bei Gott gewesen ist.

Subjektiver Sinn bedeutet hingegen, dass ein Mensch sich seinen Sinn selbst sucht und dass dieser auch nicht einfach auf einen anderen Menschen übertragbar ist. Hermann Hesse formulierte diese Haltung sehr schön, als er schrieb: „Das Leben hat nur einen Sinn, insofern wir ihm einen Sinn geben." Der subjektive Sinn muss nicht unbedingt mit einer transzendenten Dimension verbunden sein, kann es aber.

Je stärker in sich geschlossene Weltbilder und Glaubenssysteme aufbrechen, desto schwieriger wird es, von einem objektiven Sinn, der für alle gilt, auszugehen. Es mag kaum verwundern, dass mit der Moderne, die sich in besonderer Weise vom religiösen Denken des Christentums abgrenzte, eine immer stärkere Infragestellung des objektiven Sinns stattfand. Das Verschwinden dieses objektiven Sinns hat aber auch einige Vorzüge. Auf einen verwies der Philosoph Hans Blumenberg in seinem Essay „Nebenfolgen des Sinnbedarfs":

„Vielleicht sollten wir nicht nur die Wut über die Sinnlosigkeit der Welt kultivieren, sondern auch etwas von der Furcht vor der Möglichkeit, sie könne eines Tages voller Sinn sein."[15]

Für Blumenberg bedeutete nämlich eine Welt, in der alles voller Sinn ist – und wenn er hier von Sinn spricht, meint er natürlich einen objektiven Sinn –, dass alles zu erklären und vor allem, dass jedes Unrecht, das einem Menschen widerfährt, zu rechtfertigen wäre. Denn schließlich passiere ja in einer solchen Welt nichts ohne Sinn.

Geht man von einem objektiven Sinn aus, dann muss mehr oder weniger alles im Leben auf sein Warum hinterfragbar sein. Es muss für alles einen Verantwortlichen, einen Schuldigen oder eine Erklärung geben, denn der Zufall als Erklärung ist hier ausgeschlossen. Warum jemand einen schweren Unfall hatte, für den er nicht verantwortlich war, kann nicht mehr mit ‚zur falschen Zeit am falschen Ort' erklärt werden (was zugegebenermaßen keine Erklärung ist, sondern das Anerkennen dessen, dass im Leben nicht alles sinnhaft erklärbar ist). Eine verbreitete Annahme in vielen religiösen System war oder ist, dass entweder das Opfer bestraft oder geprüft wird.

Aber auch bestehende gesellschaftliche Verhältnisse lassen sich leichter verändern, wenn man nicht davon überzeugt ist, dass die bestehende gesellschaftliche Ordnung sinnvoll ist, weil sie Gottes ausdrücklichen Willen widerspiegelt. Dies heißt im Umkehrschluss natürlich nicht, dass jeder Glaube an eine höhere Macht oder an Gott automatisch die bestehenden gesellschaftlichen Verhältnisse toleriert oder gutheißt. Allerdings wurden religiöse Überzeugungen in der Geschichte der Menschheit in vielen Kulturen dafür verwendet, die Gesellschafts- und Herrschaftsstrukturen zu stabilisieren. Die Ständegesellschaft im christlichen Mittelalter wurde dadurch genauso begründet wie das Kastensystem in Indien.

Innerhalb der modernen philosophischen Tradition gibt es aber auch Sinnbestreiter, die die Frage nach dem Sinn ablehnen, da sie (natur-)wissenschaftlich und logisch nicht zu beantworten sei. Im Umfeld dieser Sinnbestreiter kann man immer wieder die Frage hören, wieso die Menschen denn so viel Energie auf eine Frage verschwenden, die offensichtlich sinnlos, weil nicht beantwortbar sei. Die Antwort darauf lautet: Ganz ohne (subjektiven) Sinn lebt es sich einfach schlechter.

Ich denke, dass wir hier einen der wesentlichen Unterschiede zwischen Mensch und Tier berühren. Tiere leben, aber sie fragen ziemlich sicher nicht nach dem Sinn ihres Daseins. Das tut nur der Mensch, auch wenn er am Ende vielleicht zum gleichen Ergebnis wie Arthur Schopenhauer kommt:

> *„Als Zweck unseres Daseins ist in der Tat nichts Anderes anzugeben als die Erkenntnis, dass wir besser nicht da wären. Dies aber ist die wichtigste aller Wahrheiten, die daher ausgesprochen werden muss, so sehr sie auch mit der heutigen Europäischen Denkweise in Kontrast steht."*[16]

Zugegebenermaßen handelt es sich hier nicht gerade um eine sehr optimistische Aussage hinsichtlich der Frage, warum wir leben. Aber Optimismus war ohnehin nicht Schopenhauers hervorstechendste Eigenschaft.

Besser wäre es, wir wären nie geboren! Wirklich?

Nach Schopenhauer hat das menschliche Leben überhaupt keinen Sinn und kann nicht als Zweck an sich betrachtet werden. Ein Blick auf unsere Welt zeigt seiner Ansicht nach nur eines überdeutlich: Leiden, nichts als Leiden. Für Schopenhauer ist es also nicht nur so, dass das Leben keinen Sinn hat. Es sollte besser gar nicht erst sein. Das Dumme ist nur: Wir sind nun einmal da. Damit musste sich auch Schopenhauer abfinden. Doch er suchte einen Ausweg – und dabei dachte er keineswegs an Suizid.

Schopenhauer wies dem Menschen ein anderes Schlupfloch aus dem Jammertal der irdischen Existenz: die Philosophie, sprich: das Denken. Das ist insofern überraschend, als Schopenhauer wie kaum ein Denker vor ihm bestritt, dass die Welt ihrem Wesen nach vernünftig sei. Für Schopenhauer ist das Wesen der Welt ihre Irrationalität, die sich in einem blinden Willen ausdrückt, der alles Leiden in der Welt verursacht. Durch das Denken kann sich der Mensch jedoch aus dem Würgegriff dieses schier übermächtigen Willens lösen und zu einer rein beobachtenden Haltung gelangen und zwar, indem er den Willen verneint.

Auch wenn der blinde Wille alles bestimmt, hat der Mensch zumindest einen Freiheitsgrad: Er kann ihn verneinen. Mit dieser Verneinung stellt sich so etwas wie eine innere Gelassenheit ein. Das Ideal des stoischen Weisen schimmert bei Schopenhauer immer wieder durch. Doch dabei beließ es nicht.

Es gibt eine zweite Form, den Willen zu verneinen: Handeln. Und zwar nicht irgendeine Form des Handelns, sondern Mitempfinden mit allen anderen leidenden Wesen. Für einen Philosophen, der dem Leben jeglichen Sinn abstreitet, der das Nichtgeborenwerden dem Geborensein vorzieht, ist das doch gar kein so schlechter lebenspraktischer Rat, was mit dem Leben anzustellen sei. **Schopenhauers Mitleidsethik deckt sich nämlich sehr mit den Erkenntnissen der Psychologie**, wonach Menschen, die nicht nur um sich selbst kreisen, sondern sich auch für andere einsetzen, ihr Leben als sinnvoll erfahren.

Mit Schopenhauer war die Saat des Sinnzweifels in der abendländischen Philosophie gesät. Die erste große sinnfreie Ernte brachte dann Friedrich Nietzsche ein. Er zählt zu den größten objektiven Sinn-Destruierern:

„Wozu die ‚Welt' da ist, wozu die ‚Menschheit' da ist, soll uns einstweilen gar nicht kümmern (…) aber wozu du Einzelner da bist, das frage dich."[17]

Nietzsche gibt dem armen Einzelnen, den er so fragt, gleich die Antwort mit auf den Weg, die deutlich zeigt, wohin die Sinnsuche und Findung geht.

„Wozu du Einzelner da bist, das frage dich und wenn es dir Keiner sagen kann, so versuche es nur einmal, den Sinn des Daseins gleichsam a posteriori zu rechtfertigen, dadurch, daß du dir selber einen Zweck, ein Ziel, ein ‚Dazu' vorsetzest, ein hohes und edles ‚Dazu'."

Der Mensch ist nun in die Pflicht genommen, sich selbst seinen Sinn zu geben. Damit hat Nietzsche das Lebensprogramm der Moderne formuliert.

Nach Nietzsche darf dieser Sinn jedoch nicht irgendetwas Beliebiges oder Triviales sein, es muss etwas Hohes und Edles sein. Damit meint er jedoch nicht etwas Göttliches im Sinne der christlichen Tradition. Das wird in seinem „Zarathustra" deutlich: „Der Übermensch ist der Sinn der Erde. Euer Wille sage: der Übermensch sei der Sinn der

Erde! Ich beschwöre euch, meine Brüder, bleibt der Erde treu und glaubt Denen nicht, welche euch von überirdischen Hoffnungen reden! Giftmischer sind es, ob sie es wissen oder nicht."[18]

Dass es keinen objektiven Sinn mehr geben kann, hängt Nietzsche zufolge nicht nur damit zusammen, dass „Gott tot ist", sondern damit, dass alles im Leben nur perspektivisch ist. Je nachdem, wie wir auf etwas blicken, so erscheint es uns. Alles ist nur Interpretation. Diese Interpretation gibt uns auf der einen Seite eine große Freiheit. Auf der anderen Seite kann sie zu einer großen Last werden. Nietzsche gab sich keinen Illusionen hin, dass die Frage nach dem Sinn, auch wenn sie nun eine individualisierte ist, leicht zu beantworten sei. In seiner „Fröhlichen Wissenschaft" schrieb er, allein die Frage, ob das Dasein einen Sinn habe, sei eine, die ein paar Jahrhunderte brauchen werde, um überhaupt in ihrer ganzen Tiefe gehört zu werden.

Wenn allein das Hören der Frage ein paar Hundert Jahre Zeit braucht, dann ist es nicht weiter verwunderlich, dass der Supercomputer aus dem Roman „Per Anhalter durch die Galaxis", einige Millionen Jahren benötigt, um die Antwort auf diese Frage zu finden, die dann bekanntermaßen „42" lautet. Womit wir nicht wirklich weiter sind bei unserer Suche nach dem Sinn unseres Daseins.

Zur Freiheit verdammt, vom Absurden gestreift

Vielleicht werden wir fündig, wenn wir uns der philosophischen Richtung zuwenden, die auf das Existenzielle des Daseins spezialisiert ist, nämlich dem Existenzialismus. Der französische Philosoph Jean-Paul Sartre brachte das Schicksal der Menschen, ein sinnvolles Leben führen zu wollen, ohne zu wissen, worin der Sinn liegt, zunächst auf die Formel: Die Existenz geht der Essenz voran. Im Klartext: Wir Mensch werden geboren und dann müssen wir schauen, wie wir mit dieser Tatsache zurechtkommen. Was wir aus unserem Leben machen, welche Essenz, welches Sein, wir ihm geben, liegt in unseren Händen. Kein Gott und kein Schicksal geben die Richtung vor. Nach Sartre sind wir zur Freiheit verurteilt. Ob es das schlimmste Urteil ist, das über den Menschen in seiner Geschichte gesprochen wurde, wage ich zu bezweifeln. Allerdings ist die Aufgabe naturgemäß keine ganz leichte.

Dass der Mensch sein Leben selbst gestalten muss, um ihm einen Sinn zu entlocken, davon ging auch Sartres Kollege Albert Camus aus. Bei ihm taucht im Kontext der Diskussion um die Sinnfrage ein Begriff auf, der für die meisten von uns vermutlich herzlich wenig mit Sinn zu tun hat, sondern eher mit dessen Gegenteil, der Sinnlosigkeit. Es ist der Begriff des Absurden. Wenn wir etwas als absurd erleben, dann bedeutet es, dass wir es nicht in sinnvolle Kategorien einsortieren können. Es ist verstörend, irritierend, unsinnig und unvernünftig. Mit der Thematisierung des Absurden traf Camus den Nerv der Moderne. Absurdität als existenzielles Lebensgefühl scheint einer wachsenden Zahl von Menschen heute vertraut zu sein.

Für Camus ist das absurd, was keinem höheren Plan folgt. Kein Gott lenkt und leitet die Geschicke der Menschen. Der Mensch ist sich dieses seines Alleinseins in der Welt bewusst. Dieses Wissen führt dazu, dass er sich in der Welt fremd fühlt. Er erlebt diese existenzielle Sinnlosigkeit immer wieder ganz konkret. „Das Gefühl der Absurdität kann an jeder beliebigen Straßenecke jeden beliebigen Menschen anspringen."[19]

Wer sich nun fragt, wieso man überhaupt leben soll, ob angesichts dieser Analyse des Daseins nicht der Suizid die vernünftigere Alternative wäre, wird von Camus eines Besseren belehrt: Der Selbstmord bestätigt die Absurdität, genau wie der Sprung in die Transzendenz, der eine Vermeidung der Auseinandersetzung mit dem Absurden ist. Jaspers' Lehre von der Sinnfindung in der Transzendenz wollte Camus nicht folgen. Das Wesen des Absurden ist nämlich Zerrissenheit und Gegensatz, letztlich alles, was das Leben ausmacht. Sich nicht auf das Absurde einzulassen, bedeutet in Camus' Augen, sich nicht auf das Leben einzulassen.

Und doch gehört uns unser Schicksal

Vielleicht gerade wegen dieser Art der Absurdität gibt es so etwas wie Hoffnung. Diese speist sich aus der Rebellion gegen das Absurde. Der Mensch fügt sich nicht ein, sondern revoltiert, indem er Verantwortung für sein Schicksal übernimmt. Für Camus bedeutet Revolte das engagierte Aufbegehren gegen jeden Totalitarismus, der das menschliche Leben zu vereinnahmen und zu vernichten droht. Dies war vielleicht auch der Grund, weshalb Camus als linksintellektueller Denker im Gegensatz zu Sartre und vielen anderen sich schon sehr früh vom sowjetisch geprägten Kommunismus distanzierte, da er nicht bereit war, den stalinistischen Terror in irgendeiner Weise zu rechtfertigen.

Zum Sinnbild des absurden Helden, der in die Rebellion geht, wird für Camus Sisyphos. In einem seiner bekanntesten Werke, dem „Mythos des Sisyphos", bezeichnet er diesen tragischen Helden, den die Götter dadurch bestraften, dass er permanent einen Stein einen Felsen hinaufwälzen muss, der, sobald er oben ist, wieder nach unten rollt, als einen glücklichen Menschen. Falls Sie sich jetzt fragen, ob Sie irgendeinen Teil dieses Mythos verpasst haben, weil es sich Ihnen beim besten Willen nicht erschließt, wieso ein Mann glücklich sein soll, der eine völlig sinnlose Tätigkeit ausführen muss, ohne Hoffnung auf ein Ende, dann lautet die Antwort: Nein, Sie haben nichts verpasst. Um Camus' Gedankengang zu verstehen, müssen Sie sich nur von der Vorstellung befreien, dass Camus den Mythos vom Sisyphos interpretieren möchte. Er liest ihn völlig neu und nimmt die Figur des Sisyphos, um einen Gedanken seiner Philosophie zu konkretisieren.

Für Camus wird Sisyphos deshalb zu einem glücklichen Menschen, weil er ab einem bestimmten Augenblick das Schicksal, das über ihn verhängt wurde, zu seinem eigenen Schicksal macht. Er findet sich mit der Unerklärbarkeit seines Schicksals ab, und gleichzeitig revoltiert er dagegen. In dieser Revolte der Nichtakzeptanz wird es zu seinem Schicksal, und damit verliert es den Charakter von Schicksal als etwas, das über ihn verhängt wird. Er streift die Rolle des Opfers ab. Sisyphos wird wahrhaft autonom. Bei Camus heißt es:

> „Darin besteht die verborgene Freude des Sisyphos. Sein Schicksal gehört ihm."[20]

In dem Augenblick, in dem sich der Mensch seinem Leben zuwendet, erlebt er das, was er tut, als etwas, das von ihm selbst geschaffen und gewollt ist, auch wenn es als absurd erscheint. Sisyphos erobert sich trotz und in der Absurdität die Autonomie über sein Leben zurück. Er wird zu seinem eigenen Herrn.

Ähnlich wie bei Sartre, der die Menschen zur Freiheit verurteilt sieht, ist Camus überzeugt, dass die Menschen sich selbst gestalten müssen. Das Leben ist seiner Ansicht nach eine grenzenlose Chance. Was Menschen aus dieser Chance machen, liegt in ihren Händen. Sie sind Chef und Chefin ihres Schicksals, ob sie es ergreifen oder nicht, liegt in ihrer Verantwortung. Die Absurdität des Daseins, diese nicht vorgegebene Sinnhaftigkeit, ermöglicht eigentlich erst die menschliche Freiheit. Gerade weil nichts vorbestimmt ist, ist alles möglich, gerade deshalb können Menschen sich frei für oder wider entscheiden. So absurd es auf den ersten Blick erscheinen mag: Mit seiner Philosophie der Absurdität öffnet Camus den Raum für die menschliche Freiheit und für Mitmenschlichkeit und Solidarität. Denn in der Revolte gegen die Absurdität revoltiert der Mensch auch gegen die Unmenschlichkeit und das Leid, das er erlebt. Der Gedanke der Solidarität spielte gerade in Camus' späterem Schaffen eine wichtige Rolle.

Nichts Neues unter der Sonne

Für den Fall, dass Sie sich jetzt denken, wie gut und sinnerfüllt doch die gute alte Zeit war, muss ich Sie leider etwas enttäuschen. Auch wenn ich bereits eingangs bemerkt habe, dass die meisten Menschen vorausgegangener Zeiten eher geneigt waren, im Leben eine höhere Sinnmacht anzuerkennen, so gab es doch immer wieder Einzelne, die nicht so recht davon überzeugt waren, dass das menschliche Tun wirklich sinnvoll sei. Es wird Sie vielleicht überraschen, dass gerade die Bibel ein solches Zeugnis der Absurdität des menschlichen Lebens beinhaltet.

Im alttestamentlichen Buch Kohelet können wir gleich im ersten Kapitel folgende Aussage lesen:

> *„Windhauch, Windhauch, sagte Kohelet, Windhauch, Windhauch, das ist alles Windhauch. Welchen Vorteil hat der Mensch von all seinem Besitz, für den er sich anstrengt un-*

ter der Sonne? Eine Generation geht, eine andere kommt. Die Erde steht in Ewigkeit. Die Sonne, die aufging und wieder unterging, atemlos jagt sie zurück an den Ort, wo sie wieder aufgeht ... Was geschehen ist, wird wieder geschehen, was man getan hat, wird man wieder tun:
Es gibt nichts Neues unter der Sonne."

Das Streben des Menschen ist angesichts der Wiederkehr des immer Gleichen nur ein Windhauch, also völlig unbedeutend. Der Mensch mag sich und sein Tun für noch so wichtig erachten, doch bei einer kritischen Betrachtung von außen, so argumentiert Kohelet, ist es angesichts der Austauschbarkeit und Wiederholbarkeit weder bedeutsam noch hinterlässt es tiefere Spuren.

Wir müssen Kohelets Geschichtspessimismus nicht teilen. Viel interessanter finde ich, welche Konsequenz er letztlich aus dieser Sinnlosigkeit des menschlichen Tuns zieht. Sie ist für ihn nämlich kein Grund zur Verzweiflung, sondern **ein Grund, das Leben im Hier und Jetzt zu genießen und zu bejahen.** Weil unsere ganze Bemühung, hinter allem einen tieferen Sinn zu entdecken, zum Scheitern verurteilt ist, können wir uns auf das Leben einlassen. Wir können das Leben so annehmen, wie es ist. Das erinnert ein wenig an die Gedanken der Skeptiker und der Buddhisten, die angesichts der permanenten Veränderung des Daseins den Menschen raten, sich auf diesen Wandel einzulassen. Kohelet entscheidet sich, sich dieser Veränderung und damit dem Leben selbst zu überlassen. Dieses

Sich-Überlassen führt bei Kohelet zur Freude im Herzen. Vielleicht ist das auch das Geheimnis der glücklichen Menschen: dass es ihnen gelingt, das Leben trotz all der Widrigkeit und seiner unerklärbaren Geheimnisse anzunehmen, zu gestalten und zu bejahen und genau daraus den Sinn ihrer eigenen Existenz zu ziehen.

Das Glück ist ein Rindvieh ...
Oder doch nicht?

Dass Menschen ein gutes und erfülltes Leben führen möchten, ist ein Wunsch, der sich im Laufe der Geschichte der Menschheit nicht wesentlich geändert haben dürfte. Eher ein neueres Phänomen dürfte hingegen die fast schon verzweifelte Suche nach dem Glück sein. Wenn wir den Markt der Buchneuerscheinungen als Barometer für Trends und Themen, die Menschen beschäftigen, nehmen, dann scheint die Suche nach dem Glück etwas zu sein, das uns wirklich umtreibt. Wieso gehört aber Glücklichsein gerade heute so wesentlich zum eigenen Selbstverständnis? Wieso definieren wir ein gelungenes und gutes Leben danach, wie glücklich wir sind?

Dass wir fast schon verzweifelt nach dem Glück im Leben suchen und gerne wissen möchten, wie wir es dauerhaft an uns binden können, liegt unter anderem daran, dass wir unser Leben immer weniger von äußeren Größen bestimmt wissen wollen. Während vorausgegangene Generationen vieles, was ihnen widerfuhr, als unveränderliches Schicksal annahmen, sind wir heute kaum mehr bereit dazu. Einer der Glaubenssätze unserer Zeit lautet: Jeder kann sein Leben selbst gestalten. Aus dieser Überzeugung leitet sich fast schon der moralische Imperativ ab: „Du hast die Pflicht, dein Leben selbst zu designen!" Dass kaum jemand sein Leben freiwillig unglücklich gestaltet, ist nur zu verständlich.

Auch wenn das Thema Lebensglück uns heute stärker umtreibt als die Generation unserer Großeltern oder Urgroßeltern, ist die Suche nach dem Glück in der Geschichte der Menschheit dennoch kein Novum. Die Frage nach dem Wesen der Eudaimonia, der Glückseligkeit, beschäftigte schon die antiken griechischen Philosophen. Wenn Sie den Begriff Glückseligkeit hören, werden Sie jetzt vielleicht innerlich lächeln, denn Glückseligkeit hat einen etwas salbungsvolleren oder zumindest ätherischeren Beiklang als Glück.

Bei der Eudaimonia geht es ganz wörtlich um das Geführtwerden von einem guten Dämon. Ein Dämon war in der vorchristlichen Antike kein niederträchtiger Unterweltbewohner, sondern ein Schutzgeist. Sokrates beruft sich in seiner Verteidigung darauf, dass sein Daimonion, das er als innere Stimme wahrnahm, nichts gesagt habe, weshalb er sich nichts vorzuwerfen habe. Sein Daimonion meldete sich nämlich nur dann, wenn er etwas nicht tun sollte. Glücklich wird demnach derjenige, der sich einem guten Geist, einem Dämon, als Führer anvertraut.

Wenn griechische Philosophen von der Eudaimonia sprachen, meinten sie eine Grundgestimmtheit dem Leben gegenüber. Es war mehr eine seelische Verfasstheit als etwas materiell Bestimmbares. Durch richtiges Denken und kritisches Überprüfen der eigenen Vorstellungen und Wünsche konnte man sie erlangen. Deshalb hatte die Eudaimonia viel mit dem richtigen Denken und Handeln und weniger mit dem rein subjektiven Wohlfühlen zu tun. Bevor wir uns eingehender mit dem großen Glück in der Philosophie beschäftigen, ist es hilfreich, eine kleine Begriffsklärung vorzunehmen. Diese ist nämlich der erste Schritt zum glücklichen Leben. Sie werden gleich sehen, warum.

Glücklich sein und Glück haben: zwei Welten – ein Begriff

Unser deutsches Wort Glück umfasst zwei Dimensionen: glücklich sein und Glück haben. Einmal empfinden wir Glück. Beim anderen Mal haben wir Glück. Die Formulierung „Glück haben" kann dabei als Gegensatz zum „Pech haben" gemeint sein: „Glück gehabt, dass nichts passiert ist." Sie kann aber auch Glück in dem Sinne meinen, dass uns etwas Unerwartetes, Positives widerfährt. Wer einem Unfall entgeht, hat genauso Glück wie derjenige, der im Lotto gewonnen hat. Die Engländer haben es da etwas leichter. Sie unterscheiden schon sprachlich zwischen Glück haben ‚be lucky' und glücklich sein ‚be happy'.

Doch Glück unterscheidet sich nicht nur durch ‚Glück haben' und ‚Glücklichsein', sondern der Zustand des ‚Glücklichseins' selbst kann zum einen für eine plötzlich auftauchende Emotion stehen, die kommt und geht, wie es ihr gefällt, und zum anderen für eine Lebenshaltung, auf die wir Einfluss haben.

Etliche Redewendungen im Deutschen rund ums Glück thematisieren diese unterschiedlichen Glückskonzeptionen. So heißt es in einer Redewendung: „Das Glück ist ein Rindvieh und sucht seinesgleichen." Dieser Spruch entspringt wohl der menschlichen Erfahrung, dass nicht immer die Klügsten und die Tüchtigsten das größte Glück haben, dass das Glück etwas sehr Zufälliges sein kann. Und doch weiß derselbe Volksmund auch, dass „jeder seines Glückes Schmied" ist.

Bereits unsere Vorfahren erkannten, dass es ein eher zufälliges Glück gibt, das fragil ist, was das Sprichwort „Glück und Glas, wie leicht zerbricht das" ausdrückt, und eines, das dauerhafter ist und für das man in irgendeiner Weise verantwortlich ist bzw. das man eigenständig bewirken kann, weil es mit einer Haltung gegenüber dem Leben verbunden ist. Interessanterweise ist diese Haltung mit dafür verantwortlich, dass wir in der Lage sind, die einzelnen Glücksmomente, die das Leben für uns bereithält und die wir nicht beeinflussen können, wahrzunehmen. Dieses dauerhafte Glück bezeichnet man heute in der Psychologie als *eudaimonistisches Glück*.

Das zufällige Glück, das die meisten von uns im Blick haben, wenn sie von Glück reden, ist vor allem mit Freude und Erregung verbunden. In der Psychologie spricht man von *hedonistischem Glück*. Auch dieser Begriff stammt aus dem Altgriechischen, er heißt so viel wie ‚Lust'. Der Begriff ‚Hedone' ist vor allem mit dem Philosophen Epikur verbunden, dessen Vorstellung von Hedone Sie im Kapitel „In der Ruhe liegt die Kraft" finden können.

Obwohl Epikur eine Lanze für die Lust brach, also ein *hedonistisches Glücksverständnis* hatte, war er kein Hedonist im Sinne der modernen Psychologie. Er wusste, dass weder die Lust noch die zufälligen Glücksmomente allein zur dauerhaften Glückseligkeit führen können. Die Tatsache, dass sie allein nicht zum großen Glück führen, heißt aber nicht, dass wir sie nicht beachten sollten. Sie sind die berühmten Sahnehäubchen auf dem Kuchen. Beide Aspekte, das hedonistische und das eudaimonistische Glück, sind für unser individuelles Lebensglück wichtig. Wir müssen sie nur unterscheiden können.

Denn das zufällige Glück hat einen entscheidenden Nachteil: Nicht nur, dass wir subjektiv fast immer das Gefühl haben, dass es uns persönlich viel zu selten zufällt (immer trifft es die, die es doch gar nicht verdient haben), nein, sein wirklicher Nachteil gründet darin, dass es aus sich selbst nicht wirklich, sprich dauerhaft, glücklich macht, ja gar nicht machen kann.

Beim *eudaimonistischen Glück* geht es darum, das eigene Leben sinnerfüllt zu gestalten, sich für das einzusetzen, was einem wirklich ein Herzensanliegen ist. Karriere zu machen und mehr zu verdienen mag in unserer Gesellschaft ein großer Wert sein, doch es ist kein Herzensanliegen, weil es immer um einer anderen Sache willen betrieben wird. In der Regel geht es um mehr Macht, mehr Einfluss, mehr Verwirklichungsmöglichkeiten, von denen wir hoffen, dass sie uns glücklicher und zufriedener machen. Das größte Glück ist aber das, das um seiner selbst willen gepflegt wird; wenn wir etwas nicht tun, um Anerkennung, Belohnung, einen Adrenalinkick oder was auch immer zu erlangen, sondern weil wir das, was wir tun, wirklich lieben. Verwechseln Sie also nicht die wunderbaren Glücksmomente, die unserem Leben einen unverwechselbaren Glanz geben, mit dem, was ein wahrhaft glückliches Leben ausmacht, Sinnhaftigkeit. Diese Form des Glücks hatten die meisten großen Philosophen der Antike im Blick, wenn sie über die Eudaimonia, das Lebensglück, nachdachten.

Ganz so einfach scheint dieses Glück jedoch nicht zu erlangen sein, sonst hätte sich mittlerweile nicht ein ganzer wissenschaftlicher Forschungszweig herausgebildet, der dem Glück nachspürt. Dass die Wissenschaft auf den Spuren des Glücks unterwegs ist, ist natürlich nicht nur der forscherischen Neugierde geschuldet. Ökonomisch betrachtet kann sich keine moderne Gesellschaft und kein Unternehmen zu viele unglückliche Menschen leisten. Die steigende Zahl von depressiven Erkrankungen, bei denen Menschen dauerhaft bzw. für eine bedrohlich lange Zeit Lebenssinn und Lebensglück abhandengekommen sind, ruft nach einer Lösung.

Wer das eigene Glückslevel heben will, muss den richtigen Hebel ansetzen

Wer den Unterschied zwischen den zufälligen Glücksmomenten und dem eudaimonistischen Glück kennt, der hält ein wichtiges Werkzeug in seinen Händen, um ein zufriedenes und erfülltes Leben zu führen. Ungerechterweise hat die Natur, was die Verteilung der Fähigkeit, glücklich zu sein, anbelangt, genauso viel Ungerechtigkeit walten lassen, wie bei der Verteilung von Schönheit und Intelligenz. Es gibt Menschen, die sind, ohne dass sie je einen Ratgeber zum Thema Glück gelesen hätten, einfach glücklich und zufrieden, andere hingegen sind chronisch unzufrieden.

Die psychologische Glücksforschung geht davon aus, dass jeder von uns eine Art Glückslevel hat, das nach oben und unten ausschlagen kann. Negative Ereignisse lassen es nach unten, positive Erlebnisse nach oben ausschlagen. In beiden Fällen kehrt das Pendel jedoch innerhalb eines bestimmten Zeitraums wieder mehr oder weniger in seine Ausgangsposition zurück.

Das Problem an den Glücksmomenten, die das Pendel kurzzeitig nach oben ausschlagen lassen, ist, dass man sich sehr schnell an sie gewöhnt. Die amerikanische Psychologin Sonja Lyubomirsky spricht hier von einer hedonistischen Adaption. Wer nach dem lang anhaltenden Glück sucht, wird dieses nicht durch eine Kumulation von einzelnen Glückserlebnissen erreichen, sondern muss seinen Glückslevel heben. Und dies gelingt nur durch die Lebenseinstellung.

Aus diesem Grund macht Geld ab einer bestimmten Größenordnung auch nicht mehr aus sich heraus glücklich. **Sie wären nicht automatisch glücklicher, wenn Sie noch attraktiver oder intelligenter wären, ein dickeres Konto hätten oder statt in einer Mietwohnung in einem eigenen Haus im Grünen lebten.** Diese Faktoren haben nämlich auf den eigenen Glückslevel langfristig einen geringeren Einfluss als Ihre Gene, eine ausgeprägte emotionale Intelligenz oder Fähigkeiten wie die, Freundschaften zu pflegen, Sinn im eigenen Leben zu finden oder eine Arbeit mit Freude zu tun. Ihre Gene sind dabei das Einzige, worauf Sie keinen unmittelbaren Einfluss haben, auch wenn diese für die Glücksbilanz nicht ganz unerheblich sind.

Das bedeutet nicht, dass Geld und was damit verbunden ist, keinen Anteil an der persönlichen Zufriedenheit hat, denn es ermöglicht uns, bestimmte Dinge im Leben zu tun. Wer nicht mehr ums nackte Überleben kämpfen muss, sondern im Krankheitsfall abgesichert ist, seinen Kindern eine gute Ausbildung finanzieren und sich bestimmte Wünsche erfüllen kann, ist in der Regel glücklicher als ein Mensch, dem das alles nicht möglich ist. Internationale Glücksstudien zeigen, dass Menschen im Westen ihr Lebensglück höher bewerten als Menschen in Afrika oder Lateinamerika, was nicht bedeutet, dass Menschen dort per se unglücklich wären. Aber die existenzielle Unsicherheit beeinträchtigt die Lebenszufriedenheit.

Noch etwas möchte ich an dieser Stelle nicht verschweigen: Gesellschaftspolitisch ist die Lehre, dass Geld nicht glücklich macht, ein recht gutes Instrument, um nichts gegen die wachsende soziale Ungleichheit in vielen Ländern zu tun. Wem verständlich gemacht werden konnte, dass Geld ohnehin nicht glücklich macht, der wird gar nicht erst nach den Fleischtöpfen greifen wollen. Dass Glücksstudien, die die Wertlosigkeit des Geldes betonen, gerade in Zeiten der immer weiter auseinandergehenden sozialen Schere so beliebt sind, ist vermutlich kein Zufall.

Dennoch hat sich in der Geschichte der Menschheit gezeigt, dass sich eine echte Lebenszufriedenheit nicht kaufen lässt, weil diese mit Sinnhaftigkeit zu tun hat. Nur fällt es Menschen, die eine gewisse Bildung erhalten haben und aus einem stabilen, materiell abgesicherten Lebensumfeld kommen, in der Regel leichter, der Sinnhaftigkeit des eigenen Lebens nachzuspüren, weil sie dafür Raum und Zeit haben. Das erkannte bereits Aristoteles, der als einer der wenigen antiken Philosophen betonte, dass Wohlstand allein nicht glücklich macht, dass aber ein gewisser Wohlstand recht nützlich sein kann, um das echte Glück zu erlangen.

Wer sein Geld zudem nutzt, um etwas Sinnvolles oder anderen etwas Gutes zu tun, indem er z.B. eine Stiftung oder

Organisation unterstützt, der fühlt sich glücklicher, als wenn er nur konsumieren würde. Reines Konsumieren fällt für unsere Psyche, so sehr wir sie davon zu überzeugen versuchen, leider nicht unter die Kategorie sinnvoll. Durch Konsumieren können wir nur kurze Glückserlebnisse hervorrufen. Um durch Konsum glücklich zu werden, müssten wir dauerhaft konsumieren. Das Dumme daran ist, dass sich die Erregungskurve durch Gewöhnung, also durch die hedonistische Adaption, abflacht, sodass wir letztendlich nicht glücklicher werden. Glücksmomente, die nur durch Konsum erzeugt sind, verblassen übrigens viel schneller als die, die mit einem Erleben verbunden sind. Ein schöner Konzertbesuch, ein Ausflug – so etwas wirkt länger nach als der neu erworbene Pullover. Also weniger kaufen, mehr erleben!

Und noch etwas sollten Sie vermeiden: Wer sich mit anderen vergleicht, denen es von außen betrachtet besser geht, schaufelt seinem eigenen Lebensglück das Grab. Wissen Sie wirklich, wie es hinter der äußeren Fassade eines Menschen aussieht? Die an der University of California lehrende Psychologieprofessorin Sonja Lyubomirsky fand bei ihren Studien heraus, dass sich glückliche Menschen nicht vergleichen, weder mit denjenigen, denen es besser geht, noch mit denjenigen, denen es schlechter geht. Das hat vermutlich damit zu tun, dass diese Menschen mit sich und der Welt im Reinen sind. Ganz anders die Unglücklichen. Sie vergleichen sich dauernd mit denjenigen, denen es besser geht.

Für das Streben nach einem wirklich glücklichen Leben könnte es also durchaus vorteilhaft sein, sich nicht dauernd mit anderen zu vergleichen. Sich die vielen tollen Partybilder der anderen bei Facebook anzusehen, macht nicht zufrieden! Wenn Sie es schon nicht lassen können, sie anzusehen, dann machen Sie sich bewusst, dass man Ihnen nur zeigt, was Sie sehen sollen. Und das ist garantiert nicht die ganze Wahrheit.

Aber auch die Fokussierung auf das möglichst häufige Erleben von Glücksmomenten macht nicht wirklich glücklich. Hilfreicher ist es, sich auf eine Form von Glück zu konzentrieren, die wir eher als Glücksmodus bezeichnen, also eine Lebenshaltung bzw. Lebenseinstellung, die sich nicht primär dadurch auszeichnet, dass wir möglichst viele Glückserlebnisse auf unserem Konto verbuchen, sondern dass wir eine bestimmte Sichtweise aufs Leben kultivieren. Was der Unterschied ist, zeigt die antike Philosophie.

Glück und Vernunft: ein unschlagbares Duo

Die Antike verknüpfte die Eudaimonia nicht allein mit der Emotion, sondern auch mit der Vernunft. Etwas plakativ gesprochen könnte man sagen: Der antike Mensch dachte sich glücklich. Nur die richtige Einsicht macht den Menschen wahrhaft glücklich. Zu richtigen Erkenntnissen und Einsichten kommt derjenige, der den Weg der Philosophie beschreitet. Natürlich erlebten die alten Griechen das

Glück auch als ein positives Gefühl, doch sie reduzierten es nicht auf das Erleben dieses Gefühls.

Von Heraklit von Ephesus wird der folgende Satz überliefert:

„Bestünde das Glück in körperlichen Lustgefühlen,
so müßte man die Ochsen glücklich nennen,
wenn sie Erbsen zu fressen finden."[21]

Interessanterweise trifft sich dieses antike Glücksverständnis mit einer wesentlichen Erkenntnis der modernen Glücksforschung, die darauf verweist, dass vor allem unsere Lebenseinstellung, unsere Sichtweise der Wirklichkeit, unsere Haltung darüber entscheidet, ob wir dauerhaft glücklich sind oder nicht.

Platon knüpfte das Glück des Menschen an die Schau des Guten. Dieses Gute ist das Göttliche selbst, das dem Leben Sinn und Bestimmung gibt. Wer sein Leben danach ausrichtet, wird zur wahren Glückseligkeit gelangen. Diese Glückseligkeit kann durch nichts, das den Menschen in dieser Welt widerfährt, zerstört werden. Daher konnte Platon auch die Überzeugung vertreten, dass es besser sei, Unrecht zu erleiden als Unrecht zu tun. Wer seine Eigeninteressen rücksichtslos auf Kosten der anderen durchsetzt, schadet sich und seiner Seele viel mehr als derjenige, der ein Unrecht erleidet. Es verwundert nicht, dass Sokrates, der – aus Platons Warte völlig zu Unrecht – von den Athenern zum Tode verurteilt wurde, zum Sinnbild des glücklichen und gerechten Menschen wurde. Sokrates folgte dem Weg der Weisheit, erkannte das Gute und Göttliche und blieb sich bis zu seinem Tode treu.

Aristoteles, Platons berühmtester Schüler, beschäftigte sich ebenso eingehend mit der Frage nach der Glückseligkeit. Auch er verband das menschliche Glück mit der Tugend und nicht mit dem zufälligen Erleben erfreulicher Momente. Aristoteles vertrat die Ansicht, nur das verdiene den Begriff Glück, was um seiner selbst willen angestrebt wird. Und Glückseligkeit ist das Einzige, das wir nur um der Glückseligkeit willen wollen. Wir suchen die Glückseligkeit, weil wir glücklich sein wollen.

Wieso die Theorie nicht grau ist

In seiner Schrift „Nikomachische Ethik" analysiert Aristoteles verschiedene Lebensformen, die mit Glück zu tun haben:
- das genussorientierte Leben,
- das tätige Leben, das er vor allem als politisch tätiges Leben verstand, und
- das theoretische Leben, um den Begriff ‚bios theoretikos' einmal wörtlich zu übersetzten.

Wenn Sie Goethes „Grau ist alle Theorie und grün des Lebens goldener Baum" im Ohr haben, werden Sie sich vielleicht etwas wundern, weshalb Aristoteles das theoretische Leben als Ausdrucksform eines glücklichen Lebens, ja als die höchste Form eines glücklichen Lebens verstand.

Das genussorientierte Leben, also das hedonistische, hält die Menge für das höchste Glück, aber es kann kein dauerhaftes Glück bewirken, da Genussmomente nicht zu halten sind. Zudem wird es immer um einer anderen Sache willen gepflegt. Man strebt nach Reichtum, weil man sich durch den Reichtum ein besseres Leben erhofft usw. Aber auch die Lust an sich genügte Aristoteles nicht als oberstes Glücksziel. Kein vernünftiger Mensch würde sich seiner Ansicht nach freiwillig für ein lustvolles Leben entscheiden, dem es an Klugheit mangelt. Damit diese Aussage stimmt, muss man sehr viel Gewicht auf ‚vernünftig' legen. Wenn die Lust aber schon wieder etwas benötigt, um glücklich zu machen, kann sie nicht das oberste Ziel sein. Aus diesem Grund schied die Lust für Aristoteles bei der Suche nach dem wahren Glück, der Glückseligkeit aus.

Das theoretische Leben, von dem Aristoteles sprach, bezeichnet ein Leben in der geistigen Schau. Die geistige Schau, war das, was die Götter pflegten. Weil diese immateriellen Götter glückselig sind, deshalb muss das Leben, das sich dieser Schau widmet – und das ist das philosophische Leben –, glücklich sein und glücklich machen. Diese Form des Lebens ist an die Verstandesfähigkeit gekoppelt, weshalb nur der Mensch zu ihr fähig ist. – Wenn Sie einmal von den Göttern Abstand nehmen, dann sieht das Argument des Aristoteles, weshalb das vernunfthaft nachdenkende Leben die höchste Form der Glückseligkeit ist, folgendermaßen aus:

Jeder Lebensform kommt eine wesenhafte Fähigkeit zu. Wachsen tun Pflanzen, Tiere und Menschen gleichermaßen, Wahrnehmen tun Tiere und Menschen, Denken kommt jedoch nur dem Menschen zu, weshalb das denkende Leben das beste Leben ist. Natürlich ist hier nicht jede Form des Vor-sich-Hindenkens gemeint, sondern nur das Nachdenken über sich selbst – und das ist das philosophische Denken. Aristoteles hielt es als eher pragmatisch veranlagter Mensch aber für sehr unwahrscheinlich, dass der Mensch aus sich, ohne günstige äußere Umstände, dieses Leben führen könne, weshalb er eben Wohlstand sehr wohl als eine Bedingung für das glückselige Leben betrachtete.

Wesentlich für Aristoteles war, dass das Glück als höchstes Gut des Menschen erwerbbar ist. Erwerbbar ist es dadurch, dass der Mensch gemäß der Einsicht seiner Vernunft in der und für die Gemeinschaft tätig ist und dass er bereit ist, von anderen Menschen, die gemäß der Tugend leben, zu lernen. Tugenden sind für Aristoteles Überzeugungen, die unser Handeln prägen und dafür sorgen, dass wir Glückseligkeit erleben. Wer die Tugend der Gerechtigkeit verwirklicht hat, wird nicht ungerecht handeln. **Tugendhaftes Handeln führt demnach zur Glückseligkeit, weil es den Richtlinien der Vernunft folgt.**

Diese Position vertraten auch die Stoiker. Leider stellt sich die glücksbefördernde Tugend nicht von alleine ein, weshalb es der Erziehung zur Tugend bedarf. Und nur wer diese Tugend dauerhaft lebt, kann von sich sagen, dass er glückselig sei:

„Denn wie eine Schwalbe und ein Tag noch keinen Sommer macht, so macht auch ein Tag oder eine kurze Zeit noch niemanden glücklich und selig."[22]

Bei Aristoteles taucht aber noch ein Gedanke auf, den die moderne Glücksforschung ebenfalls betont: Glück ist nicht nur eine individuelle Angelegenheit. Glück hat mit Gemeinschaft zu tun. Aus diesem Grund ist geteiltes Leid auch halbes Leid und geteilte Freude doppelte Freude. Quer durch alle Kulturen hindurch nennen Menschen die Gemeinschaft mit anderen, insbesondere mit Familie und Freunden, als etwas, das sie glücklich macht. Das hängt wohl mit unserer biologischen Grundausstattung zusammen. Wir Menschen sind soziale Wesen. Ohne Gemeinschaft wären wir gar nicht überlebensfähig. Die ersten Lebensjahre überleben wir nur dank der Fürsorge anderer. Aber nicht nur das bloße Zusammensein mit anderen führt in unserem Gehirn zur Ausschüttung von Glückshormonen. Stärker noch kommt es zu einer solchen Ausschüttung von Glückshormonen, wenn wir freiwillig für andere Menschen etwas tun und diese sich darüber freuen. Lassen Sie sich von den Moralaposteln kein schlechtes Gewissen machen, die Ihnen weismachen wollen, dass Sie, solange Sie noch Vergnügen empfinden, wenn Sie anderen etwas Gutes tun, aus einer egoistischen Motivation heraus handeln würden. Sie handeln menschlich!

Nicht die Dinge machen uns glücklich oder unglücklich, sondern unsere Vorstellung über sie

Auch in den anderen großen philosophischen Schulen der Antike können wir eine starke Verbindung von Vernunft und Glück ausmachen. Der Stoiker Epiktet verwies auf einen wichtigen Aspekt, der mit der Vernunft verbunden ist. Mittels Vernunft können wir unsere Vorstellungen einer kritischen Prüfung unterziehen. Epiktet betonte, dass uns nicht die Dinge selbst glücklich oder unglücklich machen, sondern unsere Meinung über sie:

> „Wenn wir nun auf Hindernisse stoßen, oder beunruhigt, oder bekümmert sind, so wollen wir niemals einen andern anklagen, sondern uns selbst, das heißt: unsere eigenen Meinungen."[23]

Deshalb ist es so wichtig, dass wir immer wieder unsere Meinungen über Ereignisse und Dinge überprüfen. Sind die Dinge wirklich so oder erscheinen sie nur mir so? Diogenes, der berühmte Philosoph aus der Tonne, erzählte, dass sein Lehrer Antisthenes ihn etwas Wichtiges gelehrt habe:

> „Er lehrte mich den Unterschied zwischen dem, was mein ist, und dem, was nicht mein ist ... Was ist denn mein?

Der Gebrauch meiner Vorstellungen. Er hat mir bewiesen, dass niemand störend in diesen eingreifen, ihn beeinflussen, ihn hindern, dass mich niemand zwingen kann, meine Vorstellungen anders zu gebrauchen als so, wie ich will."[24]

Zugegebenermaßen: Diogenes kannte noch nicht die Fähigkeiten der modernen psychologisch gestützten Werbewirtschaft. Dennoch verweist er auf etwas Wichtiges: Unsere Vorstellungen über die Welt haben auch mit uns zu tun.

Wir sind keine völlig willenlos äußeren Einflüssen ausgelieferten Marionetten. Wir können unsere Vorstellungen gestalten und verändern, indem wir z.B. etwas berücksichtigen, das wir bislang ignoriert haben, oder einer Sache, einem Konzept, einer Idee nicht mehr den Wert beilegen, den wir dieser bis dato beigelegt hatten. Das Wissen, dass unsere Vorstellungen über die Welt und das, was wir in ihr erleben, veränderbar ist, kann zwischen Glück und Unglück entscheiden.

Manche unserer Glaubenssätze und Überzeugungen können echte Glückskiller sein. Wer davon überzeugt ist, dass er es gar nicht verdient hat, glücklich zu sein, wird sich mit dem Glücklichsein schwertun. Wer davon überzeugt ist, dass das Leben ein einziger Kampfplatz ist, wird kaum bereit sein, das Leben zu genießen, denn im Krieg muss man aufpassen, um zu überleben. Niemals die eingefahrenen

Wege zu verlassen, ist der beste Weg, um unglücklich zu bleiben.

Die gute Nachricht ist: Unsere Überzeugungen und Meinungen zu verändern, das können wir einüben! Wir sind nicht dazu verdammt, unser ganzes Leben ein und dieselbe Sichtweise auf das Leben einzunehmen und uns ausschließlich an dem zu orientieren, was uns unsere Eltern vorgelebt haben. Zugegeben, einigen Menschen fällt diese Veränderung einer Überzeugung deutlich leichter als anderen, so wie es auch Menschen gibt, die von Haus aus das Leben etwas leichter nehmen und deshalb glücklicher sind als andere.

Zum glücklichen Leben gehört natürlich auch die Fähigkeit, die flüchtigen kleinen Glücksmomente des Alltags wahrzunehmen und zu genießen, und dies hat wieder mit unserer Haltung dem Leben gegenüber zu tun. Wer nur nach dem großen Glück sucht, verliert über dieser Suche das alltägliche Glück leicht aus dem Blick. Und vielleicht drehen Sie bei der Suche nach Ihrem Lebensglück die Frage einfach einmal um. Statt zu fragen, wie finde ich das Glück, fragen Sie sich doch einfach einmal: Wird das Glück mich finden? Bin ich bereit, mich vom Glück finden zu lassen?

Arbeit ist das halbe Leben.
Und was ist mit der anderen Hälfte?

Muße ist ein schillerndes Phänomen. Jahrhundertelang galt sie als der Anfang aller Laster, doch in den letzten Jahren scheint die Sehnsucht nach Muße und Müßiggang zu erwachen. Ganz geheuer ist sie uns aber immer noch nicht. Das ‚dolce far niente', das süße Nichtstun des Südens, fasziniert und begeistert uns, wenn wir dort im Urlaub sind. Kaum kehren wir jedoch zurück an den heimischen Arbeitsplatz, beschleunigen wir nicht nur unseren Schritt, sondern sehen die etwas entspanntere und verlangsamte südliche Lebensart als Ursache sämtlicher Wirtschaftskrisen dieser Welt. Wären alle so flott wie wir … Und dennoch beschleicht uns von Zeit zu Zeit das Gefühl, dass unser flottes Tempo uns eigentlich nur dem eigenen Grab etwas schnellerherbringt.

Auch an unseren Redewendungen können wir erkennen, dass wir Deutschen traditionell kein besonders entspanntes Verhältnis zur Muße haben. **Es gibt deutlich mehr Lob für die Arbeit, das Tätigsein, den Fleiß als für den Müßiggang.** Da ein Überleben in unseren Breiten ohne Arbeit und Vorsorge kaum möglich war, ist es nicht so verwunderlich, dass der Volksmund eher den Tätigen als den Müßiggänger lobt. Umso interessanter ist es, wenn wir einen Blick in die Antike zu den alten Griechen werfen. Dort galt nämlich die Arbeit als verwerflich und nur die Muße als eines freien Mannes würdige Beschäftigung. Auf den kleinen Haken mit dem freien Mann komme ich gleich zu sprechen.

Ebenso spannend ist ein Blick in die Sprachgeschichte. Das griechischen Wort ‚ponos', das Arbeit, Mühsal, Not heißt, stand Pate für das französische ‚peine' (Kummer, Leid) und das deutsche Pein. Das englische ‚labour' und das italienische ‚lavoro' (Arbeit) hängen mit dem lateinischen Wort ‚labora' zusammen, was Mühe bedeutet. Noch drastischer ist es im Französischen und Spanischen, wo ‚travail' und ‚trabajo' mit dem Lateinischen ‚tripulare', ‚quälen' verwandt ist.[25] Selbst das deutsche Wort Arbeit, das vom indogermanischen ‚orbho-s' abgeleitet ist, was so viel wie ‚verwaist' heißt, hat keinen positiven Beiklang. Wer als Waise überleben wollte, dem blieb nämlich nichts anderes übrig als zu arbeiten.

Dennoch machte die Arbeit und nicht die Muße in unseren Breiten das Rennen. Aus welchem Grund? Das erfahren Sie bald. Doch zunächst lassen wir unsere antiken Lebenskünstler zu Wort kommen, die Muße für die höchste Form menschlichen Daseins hielten.

Die Muße ist des wahren Lebens Anfang

Während wir im Deutschen von Muße reden, das vom Althochdeutschen ‚muoza', Möglichkeit, freie Zeit, abgeleitet ist, sprachen die alten Griechen von ‚schole', wenn sie

Muße meinten. Sollte Ihnen jetzt das Wort ‚Schule' in den Sinn kommen, liegen Sie ganz richtig. Während die Schule heute für manche ein Ort des Schreckens zu sein scheint, verbanden die alten Griechen mit ihrer ‚schole' etwas Positives.

Für Platon ist sie die Bedingung für die Philosophie, weil in ihr die ruhige Betrachtung und Überlegung, die das philosophische Denken mit ausmachen, möglich ist. Die Muße führt nach Platon zur Schau des Geistigen, was bei ihm die Vollendung des menschlichen Lebens darstellt. Sie ist der Raum, in dem die Menschen zu sich und zum Grund des Seins finden. Müßiggang ist demnach der gedankliche, geistige Weg, den Menschen durchschreiten, um zu sich selbst zu finden. Nach Platons Überzeugung ist nur derjenige, der zu sich selbst gefunden hat, der sich selbst erkannt hat, wie es das Orakel von Delphi von den Eintretenden forderte, in der Lage, sich in guter Weise um die Belange der Gemeinschaft zu kümmern.

Diese geistige Arbeit verträgt sich schlecht mit der geschäftigen Lohnarbeit. Platon spricht ausdrücklich davon, dass die Lohnarbeit nur etwas für die ‚Banausoi' ist. Ein Banause war den alten Griechen ein unfreier Mensch, der seinen Lebensunterhalt mit Lohnarbeit bestreiten musste. Das Wort leitet sich vom griechischen Wort ‚baunos' ab, das ‚Ofen' heißt, und stand ursprünglich für den am Ofen Arbeitenden.

Wahrscheinlich stellen Sie sich nun aber eine Frage: Wovon lebte denn dann der antike Müßiggänger, wenn er sich nicht der zweckorientierten niederen Arbeit widmete? **Jetzt kommen wir zum kleinen Haken des antiken Müßiggangs.** Der war nämlich nur für eine relativ kleine Gruppe im athenischen Staat möglich, nämlich für alle freien Männer, die vermögend genug waren, die notwendige Arbeit von Sklaven erledigen zu lassen. Nebenbei bemerkt, nicht alle griechischen Philosophen teilten diese Ansicht des aristokratischen Platon, die sich auch sein Schüler Aristoteles zu eigen gemacht hatte.

Interessant an diesem Mußekonzept ist meines Erachtens aber etwas anderes. Das antike Mußeverständnis stellt unser modernes Selbstverständnis, in dem sich ein Mensch durch seine Arbeit definiert, völlig auf den Kopf. Für Platon und seine Nachfolger definiert sich wahres Menschsein dadurch, dass Menschen bereit sind, sich mit sich selbst und der Welt geistig auseinanderzusetzen. Dazu braucht es Zeit und Muße.

Die Lust an der Persönlichkeitsbildung

Sehr ausführlich beschäftigte sich Platons Schüler Aristoteles mit der ‚schole', also mit der Muße. Sie diente ihm vor allem zur Persönlichkeitsbildung. Muße macht den Menschen zum Menschen und damit auch zu einem verantwortungsvollen und vernünftigen Bürger der Polis, des Athener Stadtstaates. Aristoteles war sich bewusst, dass diese Persönlichkeitsbildung nicht vom Himmel fällt oder über Nacht im Schlaf passiert, und so erklärte er, dass der Mensch zur Muße erzogen werden müsse.

Eine Erziehung zur Muße, das mag für unsere Ohren seltsam klingen, da die meisten von uns mit Muße vermutlich einfach so etwas wie Faul-Sein verbinden, was man ja nicht wirklich lernen muss. Wobei sogar das nicht mehr unbedingt zutrifft, wie die Zahl von Workoholics deutlich zeigt. Eine wachsende Zahl von Menschen kann nicht einmal mehr das, was der menschlichen Natur von Haus aus mit zu eigen ist: Faul-Sein und Nichts-Tun. Allerdings ist Muße nicht identisch mit Faulheit, auch wenn Faulheit ein Aspekt der Muße sein kann (nicht muss), aber eben nur einer. Die geistige Arbeit der Persönlichkeitsbildung ist durchaus auch eine Art von Arbeit, wenn auch keine, die sich mit der Stechuhr messen lässt.

Wieso ein Mensch zur Muße erzogen werden muss, erklärt Aristoteles in seiner Schrift zur Politik:

> *„Und so leuchtet denn ein, dass man auch für den würdigen Genuss der Muße erzogen werden und manches lernen muss und dass diese Seite der Erziehung und des Unterrichts ihrer selbst wegen da ist, während das, was für die Arbeit gelernt wird, der Notdurft dient und Mittel zum Zweck ist."*[26]

Man pflegt Muße um der Muße willen und deswegen ist die Muße reine Glückseligkeit. Dieses Verhalten, etwas nur um seiner selbst willen zu tun, ist erwachsenen Menschen eher fremd. Kinder sind diesbezüglich wahre Weltmeister, so es ihnen ihre um ihren späteren Erfolg und ihr Lebensglück besorgten Eltern nicht abtrainiert haben. Als Erwachsene tun wir Dinge, um etwas damit zu bewirken oder etwas anderes zu erlangen. Deshalb ist Lohnarbeit für Aristoteles auch kein Wert, sondern ein notwendiges Übel.

Für ihn ist die Arbeit nicht deshalb schlechter als die Muße, weil die Arbeit anstrengend wäre und die Muße nicht, sondern, – hier argumentiert Aristoteles ganz philosophisch – weil die Arbeit im Gegensatz zur Muße immer ein Mittel zum Zweck ist. Mit der Arbeit versucht der Mensch etwas zu erreichen. Er arbeitet nicht um der Arbeit willen, sondern um Geld zu verdienen und damit seinen Lebensunterhalt zu bestreiten oder um Anerkennung zu bekommen oder was sonst noch damit verbunden ist. Aus diesem Grund hat Muße für Aristoteles auch nichts mit Spiel und Erholung zu tun. Spielen und sich erholen muss nur der, der arbeitet. Die Erholung des Arbeitenden ist aber keine Muße, da sie nur den Zweck hat, wieder fit für die Arbeit zu sein.

Und noch ein Missverständnis im Kontext der Muße soll an dieser Stelle angesprochen werden. Muße ist nicht zwangsläufig Entspannung. Sie kann es sein, muss es aber nicht sein. Muße ist auch nicht zu verwechseln mit Ablenkung, die wir gerne suchen. Zu diesem Unterschied wird uns Arthur Schopenhauer noch etwas sagen. Muße ist dort, wo das Müssen aufhört.

Philosophieren gehörte für Aristoteles als inhaltliche Tätigkeit wesentlich zur Muße. Sie ist so etwas wie ein Resonanzraum, in dem aufgrund seiner Unverzwecktheit – die Muße an sich verfolgt kein Ziel – etwas Besonderes entstehen kann. Wir wissen heute aus der neurobiologischen Forschung, wie wichtig für unser Gehirn z.B. die Phasen des Tagträumens sind, in denen wir nichts Ziel- und Zweckorientiertes tun. Kreative Menschen kennen das: Auf Phasen überquellender Ideen folgen oftmals Leerlaufphasen, in denen gar nichts passiert. Und doch sind auch sie notwendig. Kein System kann dauerhaft auf vollen Touren laufen.

Gut Ding will Weile haben

Aristoteles sah noch etwas sehr Wichtiges, das bis heute nichts an seiner Stimmigkeit eingebüßt hat: Vernünftige, überlegte und ausgereifte Entscheidungen benötigen Zeit und Raum, um zu reifen. Ein Mensch, der sich diese nicht gönnt oder dem man sie nicht gönnt, wird kaum eine gereifte Entscheidung fällen. Besonders schön kann man das Phänomen, dass Zeitdruck unausgegorene Gedanken erzeugt, am Beispiel des Nachrichtendienstes Twitter beobachten. Bei nicht wenigen Tweets hätten man den Sendern und Senderinnen gewünscht: erst nachdenken, dann twittern.

Vermutlich werden Ihnen selbst einige Situationen einfallen, in denen Sie aufgrund von Zeitdruck unausgegorene Entscheidungen gefällt haben oder von den unausgegorenen Entscheidungen anderer betroffen waren. Wir leben heute in der Illusion, dass mit der ungeheuer gewachsenen Geschwindigkeit der Informationsübertragung auch unsere Hirnzellen schneller arbeiten würden, was aber nicht der Fall ist. Verschickten wir vor 20 Jahren noch Briefe, die einen Tag lang unterwegs waren und deren Beantwortung auch ein paar Tage in Anspruch nehmen durfte, wird eine Mail meistens sofort beantwortet. Natürlich ist dies bei einfachen Anfragen kein Problem, wenn es aber um komplexere Zusammenhänge geht, ist so ein Schnellschuss nicht immer der Weisheit letzter Schluss. Es wäre interessant zu sehen, was passieren würde, wenn wir unsere Welt in ein Labor verfrachten und beobachten könnten, wie sich Entscheidungen auswirken, über die in Ruhe nachgedacht wurde, und wie sich diejenigen auswirken, die schnell gefällt wurden.

Die negativen Folgen des allgegenwärtigen Zeitdrucks sind mittlerweile nicht mehr zu übersehen. Die Zahl der psychischen Erkrankungen ist in den letzten 20 Jahren enorm gestiegen. Spielten psychische Erkrankungen vor 20 Jahren fast keine Rolle, sind sie heute die zweithäufigste Diagnosegruppe bei Krankschreibungen. Zudem liegt die

Dauer des krankheitsbedingten Ausfalls bezogen auf solche Krankheiten im Schnitt bei 40 Tagen und ist damit dreimal so lang wie bei nicht-psychischen Erkrankungen. Bei den Gründen für Frühverrentungen schlagen psychische Erkrankungen mit über 40 Prozent zu Buche.

Wenn Firmen ihren Mitarbeitern Resilienztrainings anbieten, die diesen helfen sollen, die eigene Widerstandskraft zu kultivieren, um mit Stress besser umgehen zu können, so mag dies auf den ersten Blick als ein Schritt in die richtige Richtung erscheinen. Auf den zweiten Blick bleibt aber die Frage im Raum, ob diese Maßnahmen nicht primär der Firma dienen, die nun Mitarbeiter beschäftigt, die noch belastbarer sind. Vielleicht wäre der wirkliche Schritt in die richtige Richtung, etwas mehr Muße zuzulassen. Dies hieße aber, die Arbeit nicht auf immer weniger Schultern zu verteilen.

Der klassische Einwand gegen weniger Arbeit und mehr Muße lautet: Wer soll das bezahlen? Wenn wir uns die volkswirtschaftlichen Kosten ansehen, die durch psychisch bedingte Krankschreibungen entstehen, wäre die Frage vielleicht anders herum zu stellen: Wieso leistet sich eine Gesellschaft die immensen Kosten stressbedingter Erkrankungen? Vermutlich weil wir allzu sehr der Vorstellung erlegen sind, Arbeit sei ein Wert an sich, und wir uns maßgeblich durch und über unsere Arbeit definieren. Vielfach halten wir nur den für ein wertvolles Mitglied der Gesellschaft, der zehn Stunden und mehr am Tag arbeitet.

Das wirklich Absurde ist, dass wir, um Muße zu pflegen, die Arbeit gar nicht mehr auf Sklaven übertragen müssten, denn der technische Fortschritt hat in vielen Bereichen die menschliche Arbeit schon stark reduziert oder gar ganz abgeschafft. Maschinen produzieren tausendmal schneller, als Menschen es je konnten. Bertrand Russell wies bereits 1932 in seinem „Lob des Müßiggangs" auf diese Tatsache hin. Seine Idee für eine lebenswerte Gesellschaft sah einen Vier-Stunden-Arbeitstag für alle vor. Möglich sei dies, so Russell, weil durch die industrielle Fertigung solche Vorratsmengen produziert werden können wie noch nie in der Geschichte der Menschheit. In vier Stunden produziere ein Fabrikarbeiter mehr als etliche Handarbeiter. Man bedenke, Russell verfasste seinen Text 1932!

Noch sind wir seiner Vision nich wirklich näher gekommen. Das hängt u.a. damit zusammen, dass wir uns anscheinend kein anderes Wirtschaftssystem vorstellen können als das, das wir gerade haben. Man müsste den erwirtschafteten Mehrwert etwas anders verteilen, als dies bislang der Fall ist. Doch diese Vorstellung erschreckt den menschlichen Geist anscheinend noch mehr als die Vorstellung, der Sinn des Lebens könnte vielleicht doch nicht in der Arbeit liegen. Interessant ist allerdings Folgendes: Beim Wirtschaftsgipfel in Davos im Jahr 2016 wünschten sich die ersten Verantwortlichen im Bereich der IT-Branche, dass sich moderne Gesellschaften langsam Gedanken darüber machen sollten, wofür Menschen in Zukunft

Geld bekommen sollten, da durch die fortschreitende Computerisierung die klassische Lohnarbeit weniger werde.

Dass wir uns in unserer Gesellschaft mehrheitlich durch Arbeit definieren, können wir daran erkennen, dass depressive Erkrankungen bei Arbeitslosen noch verbreiteter sind als bei denen, die in Lohn und Brot stehen. Sollten auch Sie sich wesentlich über Ihre Arbeit definieren, dann schauen Sie einmal ganz genau hin, was Ihre inneren Antreiber sind. Es kann hier sehr hilfreich sein, sich seine eigenen Glaubenssätze zum Thema Arbeit bewusst zu machen. Was bekamen Sie zu Hause von Ihren Eltern zu hören? Was verbinden Sie persönlich mit der Arbeit? Wofür steht Arbeit für Sie? Warum können oder wollen Sie sich keine Ruhe gönnen? Finden Sie es seltsam oder nicht angezeigt, mehrmals im Jahr in Urlaub zu gehen? Würden Sie niemals vier Wochen am Stück in Urlaub gehen, weil Sie Angst haben, Kollegen und Kolleginnen könnten über Sie reden? Betrachten Sie Ihr Einkommen primär als Schmerzensgeld für die Ihnen geraubte Lebenszeit?

Doch Arbeit muss nicht per se ein Mußekiller sein, auch wenn Aristoteles diese primär negativ bewertete. **Arbeit kann etwas mit Muße zu tun haben,** wenn wir etwas ohne Zeitdruck mit Leidenschaft und Hingabe machen können. Wenn Sie das Gefühl haben, eine sinnerfüllte und erfüllende Arbeit zu tun, die Sie wirklich lieben, dann brauchen Sie sich keine allzu großen Sorgen zu machen. Im künstlerisch-kreativen Bereich geht die Arbeit naturgemäß leichter mit der Muße Hand in Hand. Aber auch in anderen Tätigkeitsfeldern ist eine müßiggängerische Arbeit möglich.

Leider haben es die meisten Menschen bei uns verlernt, sich im unverzweckten Raum des freien Müßiggangs zu bewegen. Und wir tun alles dafür, dass unsere Kinder es gar nicht erst lernen. Eine Erziehung zur Muße, wie Aristoteles sie forderte, erscheint heute als eines der absurdesten und lächerlichsten Erziehungsziele, vermutlich sogar als eines der schädlichsten, das man deshalb unterbinden muss. So fördern wir unsere Kinder bereits im Vorschulalter mit Sprachkursen, planen und strukturieren ihren Tag, sodass möglichst viele der großartigen Optionen des modernen Lebens die Kleinen erreichen. Vielleicht erhöhen sich so später ihre Chancen auf dem Arbeitsmarkt, vielleicht aber auch nur das Risiko, mit Mitte 40 total ausgebrannt zu sein.

Beschleunigung als Mußekiller

Es gibt aber noch einen anderen Faktor, der dazu geführt hat, dass es der Müßiggang heute sehr schwer hat, und auf den wir als Einzelne nur einen begrenzten Einfluss haben: die Beschleunigung. Mehr oder weniger alle Bereiche des täglichen Lebens haben sich beschleunigt. Auch wenn der Tag nach wie vor 24 Stunden hat und das Jahr (meistens) 365 Tage, hat sich das, was wir im Lauf eines Jahres erledigen, doch vervielfacht. Der Soziologe Hartmut Rosa spricht davon, dass sich die Zeit verdichtet hat. Die Zahl der Handlungsepisoden, die wir in einer Zeiteinheit ausführen, sind deutlich mehr geworden. Wir erledigen an einem Tag sehr viel mehr als die Generation unserer Großeltern.

Beschleunigung ist auf der einen Seite ein von außen kommendes Phänomen. Es ging vor allem vom Finanzsektor aus, der als einer der ersten Arbeitsbereiche von der Beschleunigung profitierte, da Geschwindigkeit ein Informationsvorsprung ist. An den Börsen kann man den Zusammenhang zwischen Information und Geld sehr deutlich erkennen. Heute gibt es kaum ein Arbeitsfeld, das nicht in irgendeiner Weise von dieser Beschleunigung berührt wird. Mittels technisch bedingter Effizienzsteigerung kann immer mehr Arbeit erledigt werden, was nicht das Problem wäre, wenn sie auf mehr Menschen verteilt würde. Eine permanente Überbelastung führt jedoch auf Dauer zu Stress und im schlimmsten Fall – wie oben ausgeführt – zu psychosomatischen Erkrankungen.

Aber noch etwas macht diese Beschleunigung zu einem echten Problem auf dem Weg zur individuellen Muße: Wer in einer Gesellschaft lebt, die sich der Beschleunigung und Zeiteffizienz verschrieben hat, kann als Einzelner nicht so leicht einen Gang rausnehmen, da viele Prozesse unseres (Arbeits-)Lebens so miteinander vernetzt sind, dass wir mitgetrieben werden, selbst wenn wir es nicht wollen. Wer möchte schon als der ewige Trödler und Bremser gelten?

Auf der anderen Seite begeben wir uns aber freiwillig ins Beschleunigungskarussell, da wir hoffen, auf diese Weise möglichst viel zu erleben, damit wir von einem gelungenen Leben sprechen können. Mittels Technik hoffen wir mehr Zeit für uns und unser Leben zu gewinnen, doch durch die Beschleunigung, die die Technik ermöglicht, gewinnen wir nicht mehr Zeit, sondern ‚verlieren' sie, so paradox dies klingt. Dies hängt damit zusammen, dass mit jeder neuen technischen Option die Zahl der Möglichkeiten wächst, die wir haben. Je mehr Möglichkeiten wir haben, desto mehr davon nutzen wir. Dies führt dazu, dass wir, obwohl sich die Abläufe in einzelnen Bereichen aufgrund der Beschleunigung verkürzt haben, immer weniger Zeit haben, weil wir immer mehr tun.

Muße hatte in den antiken Philosophieschulen immer auch mit Reduktion auf das Wesentliche zu tun. Weniger ist manchmal mehr. Wer zu viel macht, erlebt am Ende gar nichts mehr, weil er sich auf das, was er im Moment erlebt oder eben auch nicht erlebt, nicht einlassen kann. Ob mit der Dichte von Erlebnissen also die Qualität des Erlebens wächst, darf bezweifelt werden. Wir leben in der Überzeugung, dass eine inhaltlich nicht gefüllte Zeit vergeudete Zeit sei. Einfach nur müßig herumsitzen oder in der Hängematte zu liegen, mag zwar auf den ersten Blick der Wunschtraum vieler von uns sein, doch kaum sollen wir müßig sitzen und nichts Besonderes tun, kribbelt es in den Beinen und Händen und wir greifen in höchster Verzweiflung wenigstens zum Smartphone, um uns mit irgendetwas zu beschäftigen.

Damit dieses unangenehme Gefühl, das mit dem Nichtstun verbunden ist, nie aufkommt, gestalten wir auch unsere freie Zeit so, dass es immer etwas zu tun gibt: am besten ganz viel Verschiedenes an möglichst vielen unterschiedlichen Orten. Muße gelingt nur demjenigen, der es mit sich selbst aushält. Trefflich beschrieb das Arthur Schopenhauer in seinen Aphorismen zur Lebensweisheit. „Die freie Muße eines jeden ist so viel wert, wie er selbst noch ist."

Muße ist keine Ablenkung

Wenn die Menschen einmal nichts tun, dann pflegen die meisten Schopenhauers Ansicht nach aber gar keine Muße, sondern suchen Ablenkung, da sie Angst vor der entstehenden freien Zeit haben. Um dieser zu entgehen, tun sie irgendetwas: „Weil sie nämlich keine Gedanken auszutauschen haben, tauschen sie Karten aus ...", so die leicht boshafte, aber nicht ganz unzutreffende Beschreibung Schopenhauers über die Freizeitbeschäftigung seiner Zeitgenossen. Wenn es keine Möglichkeit zur Ablenkung gibt, dann wird es richtig tragisch: „Was nun aber wirft die freie Muße der meisten Menschen ab? Langeweile und Dumpfheit ..."[27] Langeweile kommt auf, weil der Mensch nie gelernt hat, sich geistig zu beschäftigen. Die auftauchende Langeweile wird mit Ablenkungen gefüllt. Mit der Muße muss der Mensch umgehen können, das wusste schon Aristoteles, der ja bekanntermaßen eine Erziehung zur Muße gefordert hatte.

In seiner charmant-misanthropen Art bescheinigt Schopenhauer aber auch den vermeintlichen Müßiggängern seiner Zeit, dass sie von Muße keine Ahnung hatten. Sie wählen nämlich nicht Muße, sondern Luxus und Wohlleben, welche sich von der Muße dadurch unterscheiden, dass diese etwas mit Geistesbildung zu tun hat. **Muße ist die Zeit des freien Nachdenkens**, des philosophischen Sinnierens. Mit dieser Definition knüpft Schopenhauer wieder bei den antiken Denkern an. Ganz falsch lag er mit seiner Einschätzung hinsichtlich der Mußefähigkeit sicherlich nicht, da die Geistesbildung noch nie ein Massenphänomen war, auch nicht bei denen, die Zeit und Geld dafür hätten.

In die gleiche Kerbe schlug Nietzsche. Sogar die Gelehrten, die eigentlich nachdenken sollten, schämen sich der Muße und pflegen stattdessen wilden Aktionismus, der nichts bringt, konstatiert Nietzsche. Wir finden bei ihm aber auch einen anderen interessanten Gedanken, nämlich den, dass die Langeweile gar nichts ist, das wir fliehen müssten. Langeweile kann immer einmal auftauchen. Langeweile ist an sich kein Drama. Zum Drama wird eher der Umgang mit ihr. Wer ihr aus dem Weg geht, sie nicht zulässt, blockiert einen Zugang zur Kreativität, so seltsam dies auf den ersten Blick erscheinen mag. „Für den Denker und für alle empfindsamen Geister ist Langeweile jene unangenehme ‚Windstille' der Seele, welche der glücklichen Fahrt und den lustigen Winden vorangeht; er muss sie ertragen, muss ihre Wirkung bei sich abwarten – das gerade ist es, was die geringeren Naturen durchaus nicht von sich erlangen können! Langeweile auf jede Weise von sich scheuchen ist gemein: wie arbeiten ohne Lust gemein ist."[28] Sich zu langweilen gehört zum Leben, natürlich nicht als Dauerzustand, aber als ein Phänomen, das ab und an auftaucht und das wir aushalten sollten. Ohne Phasen der Langeweile gibt es auch keine echte Kreativität.

Vom Lob des Unnützen

Die Muße wurde aber nicht nur in der abendländischen Antike geschätzt. Bei dem großen taoistischen Philosophen Dschuang Dsi finden wir im „Wahren Buch vom südlichen Blütenland" die schöne Geschichte vom „Unnützen Baum":

„Hui Zi redete zu Zhuang Zi und sprach: ‚Ich habe einen
großen Baum. Die Leute nennen ihn Götterbaum.
Der hat einen Stamm so knorrig und verwachsen, dass man
ihn nicht nach der Richtschnur zersägen kann. Seine Zweige
sind so krumm und gewunden, dass man sie nicht nach
Zirkel und Winkelmaß verarbeiten kann. Da steht er am
Weg, aber kein Zimmermann sieht ihn an. So sind Eure
Worte, o Herr, groß und unbrauchbar, und alle wenden sich
einmütig von ihnen ab.' Zhuang Zi sprach: ‚[...] Nun habt

Ihr so einen großen Baum und bedauert, dass er zu nichts nütze ist. Warum pflanzt Ihr ihn nicht auf eine öde Heide oder auf ein weites leeres Feld? Da könntet Ihr untätig in seiner Nähe umherstreifen und in Muße unter seinen Zweigen schlafen. Nicht Beil noch Axt bereiten ihm ein vorzeitiges Ende, und niemand kann ihm schaden. Dass etwas keinen Nutzen hat: was braucht man sich darüber zu bekümmern!"[29]

Dschuang Dsi, dessen Worte hier ironischerweise mit diesem unnützen Baum verglichen werden, hat auf den ersten Blick einen recht pragmatischen Ratschlag für die Verwendung des Baumes: Hui Zi soll ihn einfach umpflanzen und in seinem Schatten seine Mußestunden genießen. Da der Baum zu nichts zu gebrauchen ist, braucht er auch nicht zu befürchten, dass ihn jemand wegen des Holzes fällt. Doch Dschuang Dsi möchte sein Gegenüber auf noch etwas aufmerksam machen. Die Kategorie des ‚Nutzlosen' ist eine menschliche Bewertung. Nutzlos ist das, was im weitesten Sinne nichts Messbares einbringt. In gewisser Weise verhält es sich mit der Muße genauso. Und dennoch ist sie es, die das Leben zu einem guten Leben macht, da ihr Nutzen in ihr selbst liegt. In ähnlicher Weise betonte Seneca, dass die großen stoischen Philosophen, wie Chrysipp, Kleantes oder Zenon, die sich nicht in hektischen Aktionismus verstricken ließen, mit ihrer inneren Seelenruhe für die Welt wertvoller seien und ihr mehr nützen als „das Umherlaufen und der Schweiß der anderen"[30].

Müßiggang ist aller Laster Anfang

Wie kam es, dass die in der Antike so gepriesene Muße in unserem Zeitalter einen so schweren Stand hat? Die Gründe dafür liegen u.a. im Christentum. Dies mag auf den ersten Blick etwas seltsam erscheinen, wenn man sich folgende Sätze aus der Bergpredigt vergegenwärtigt:

> *„Seht die Vögel unter dem Himmel an: Sie säen nicht, sie ernten nicht, sie sammeln nicht in die Scheunen; und euer himmlischer Vater ernährt sie doch. Seid ihr denn nicht viel kostbarer als sie? (…) Und warum sorgt ihr euch um die Kleidung? Schaut die Lilien auf dem Feld an, wie sie wachsen: Sie arbeiten nicht, auch spinnen sie nicht. Ich sage euch, dass auch Salomo in aller seiner Herrlichkeit nicht gekleidet gewesen ist wie eine von ihnen."*[31]

Jesus scheint hier nicht gerade der protestantischen Arbeitsethik das Wort zu reden, so wie man sein ganzes öffentliches Wirken nur schwer unter der Rubrik Lobpreis der Arbeit subsummieren kann.

Wieso geriet die Muße mit dem Aufstieg des Christentums ins Hintertreffen? Im Christentum etablierte sich durch das Entstehen des Mönchtums im 3. Jahrhundert eine wahre Askesebegeisterung. Ziel des Lebens war es nun, sich gut auf das Leben bei Gott vorzubereiten. Das Diesseits galt als Ort der Bedrängnis durch finstere Mächte, die die Menschen mit allen Mitteln vom rechten Weg abzubringen trachteten. Um vor diesen Angriffen gefeit zu sein, hieß es, wachsam zu sein. Denn der Überzeugung der christlichen Asketen zufolge nutzten die Dämonen die Trägheit des Herzens, um Gewalt über die Menschen zu gewinnen.

Die Trägheit des Herzens hatte zwar wenig mit Faulheit zu tun, man könnte sie heute eher als depressive Verstimmung bezeichnen, aber das beste Heilmittel gegen sie war die Arbeit. Aus diesem Grund lehrte der Ordensgründer Benedikt von Nursia seine Mönche: „Ora et labora! – Bete und arbeite!" Für ihn war der Müßiggang der Feind der Seele. Zwar unterschied die christliche Tradition zwischen Muße als einer Ausdrucksform der religiösen Kontemplation und Müßiggang als reiner Faulheit, doch so richtig heimisch wurde die Muße im Christentum nicht mehr. Als Luther dann auch noch die Arbeit als eine von Gott auferlegte heilige Pflicht bestimmte, hatte diese das Rennen in unserer Kultur gemacht:

„Denn Gott will keine faulen Müßiggänger haben, sondern man soll treulich und fleißig arbeiten."[32]

Der Calvinismus kultivierte den Lobpreis der Arbeit, die fortan in unserer Gesellschaft als der wichtigste Zeitvertreib der Menschen betrachtet wurde, denn am Erfolg der Arbeit konnte man schließlich die eigene Auserwähltheit durch Gott erkennen. Dass diese Einstellung die Industrialisierung beförderte und mit ihr das Wirtschaftssystem des Kapitalismus zu einem der erfolgreichsten in der Geschichte der Wirtschaftssysteme machte, ist bekannt.

Doch nicht nur im Kapitalismus hatte die „Arbeit-ist-ein-Wert-an-sich-Ideologie" Fuß gefasst, auch in den sozialistischen Arbeiter- und Bauernstaaten wurden Helden der Arbeit und nicht Helden der Muße gekürt.

Es mag fast wie eine Ironie des Schicksals anmuten, dass ausgerechnet Paul Lafargue, der Schwiegersohn von Karl Marx, eine Schrift mit dem Titel „Recht auf Faulheit" veröffentlichte. Einer seiner Gewährsmänner für das Recht auf Muße, war der Stifter des Christentums höchstpersönlich. Lafargue berief sich auf die eingangs in diesem Kapitel zitierten Verse aus der Bergpredigt. Seiner Ansicht nach geißelte auch Christus den Irrsinn der Arbeitswut.

Mit der Industrialisierung hatten sich aber nicht nur die Art und das Tempo der Arbeit verändert, sondern auch das, was durch sie zu erreichen war: im besten Fall der soziale Aufstieg. War jahrhundertelang die Arbeit eines Menschen durch seine soziale Herkunft geprägt, konnte sich der Mensch des 20. Jahrhunderts ‚hocharbeiten'. Damit gewann die Arbeit einen zusätzlichen Wert. Durch Arbeit kann sich der Mensch in seinem Wert definieren, weshalb der Verlust der Arbeit zu einer besonderen Belastung wird. Wer seine Arbeit verliert, verliert seinen Wert.

Und noch etwas hatte sich mit der industriellen Revolution verändert. Da die Arbeit nicht mehr Naturrhythmen unterworfen war, war sie nicht nur schneller geworden, sondern zerstörte klassische Lebensrhythmen. Die Nacht wurde zum Tag. Jeder Tag des Jahres wurde zum potenziellen und in der Hochzeit der Industrialisierung zum realen Arbeitstag. Als es der Arbeiterbewegung gelungen war, die schlimmsten Auswüchse dieser Ausbeutung zu beenden, erblickte eine neue Errungenschaft das Licht der Arbeitswelt: die Freizeit, die klar von der Arbeitszeit getrennt war. Dass den Arbeitern diese lange vorenthalten wurde, hatte nicht nur ausbeuterische Gründe, sondern man sah die Arbeit als ein Mittel, die Massen zu erziehen. Oder, etwas weniger pädagogisch formuliert, um sie im Zaum zu halten. Denn wer sieben Tage die Woche zwölf Stunden arbeitet, kommt nicht auf dumme Gedanken bzw. hat keine Zeit, diese umzusetzen.

Bertrand Russell, der an anderer Stelle schon zu Wort kam, war hingegen davon überzeugt, dass die Menschen in ihrer freien Zeit vielleicht auch wieder Interesse an kreativen und aktiven Tätigkeiten hätten und sich nicht mehr nur berieseln lassen würden – vorausgesetzt, dass sie nicht Tag für Tag durch endlose Arbeit erschöpft würden.

Wagen wir den Müßiggang

Wie sehr sich die seit Jahrhunderten tradierten Glaubenssätze über den Wert der Arbeit und den Unwert des Müßiggangs ins kollektive Unbewusste unserer Kultur eingegraben haben, können wir in vielen Bereichen unserer Gesellschaft, aber auch an eigenen Verhaltensweisen erkennen.

Daher ist der erste Schritt zum Müßiggang der, die Arbeit als das zu sehen, was sie in der Regel ist: „ein unumgängliches Mittel, sich den Lebensunterhalt zu sichern", wie es Bertrand Russell so trefflich formulierte.[33] Als solche ist die Arbeit notwendig, sollte aber nicht unser Leben dominieren. Es gibt ein Leben jenseits der Arbeit! Wenn Ihre Mitmenschen sich über ihre Arbeit definieren, dann müssen Sie das nicht zwangsläufig ebenso halten, was im Umkehrschluss nicht bedeutet, dass Sie eine schlechte Arbeit machen müssen.

Ein weiterer wichtiger Schritt auf dem Weg zur Muße ist, zu begreifen, dass die Muße ihren vollen Geschmack in der Regel im Spannungsfeld von Anspannung und Entspannung, sprich Tun und Nichttun entfaltet. Dauerhaft nichts zu tun, führt selten zur Muße, sondern eher in eine Krise, da wir unser Leben dann eher als sinnlos empfinden. Wie viel Anspannung und Entspannung ein Mensch benötigt, ist jedoch sehr individuell, denn Muße hat nichts mit der Anzahl der freien Stunden, sondern mit einer inneren Haltung, dem eigenen Tun und dem Leben gegenüber zu tun.

Auf dem Weg zur Muße ist es zudem hilfreich, sich Etappenziele zu stecken. Wer einen Marathon laufen will und noch nie zuvor gelaufen ist, wird sich erst langsam an diese Distanz heranarbeiten müssen. So wie wir als Autofahrer bei einer Geschwindigkeit von 150 Stundenkilometern nicht in den ersten Gang schalten können, ohne Getriebe und Motor zu ruinieren, so sollten wir nicht vom Volldampfmodus in den Mußemodus wechseln. Zwar wird es zu keinem Totalschaden wie beim Motor kommen, aber die Wahrscheinlichkeit, dass Sie nur annähernd etwas erleben wie Muße, ist ziemlich gering. Der Mußemuskel muss trainiert werden. Wenn Sie ihn jedoch trainiert haben, dann werden Sie die Zeit zum Nachdenken, zum Sinnieren, zum Nichtstun, aber auch zum Langeweile-Erleben als wertvolle Lebenszeit schätzen können.

In der Ruhe liegt die Kraft.
Da liegt sie gut!

Kennen Sie Menschen, die scheinbar nichts aus ihrer inneren Ruhe bringt, die auch dann, wenn es richtig hektisch zugeht oder brenzlig wird, einen kühlen Kopf bewahren? Wenn Sie selbst zu dieser Art Menschen gehören, dann herzlichen Glückwunsch, dann haben Sie nämlich etwas, worum Sie die meisten Menschen beneiden: Gelassenheit. Vielleicht fragen Sie sich jetzt, was der Unterschied zwischen Gelassenheit und Muße ist. Sind nicht beide miteinander verbunden? Ja, das sind sie, aber die Muße beschreibt mehr einen Zustand, während die Gelassenheit eine Haltung beschreibt. Und dieser Haltung wollen wir uns jetzt nähern.

In unserer Zeit scheint der Stress eine der großen Herausforderungen des Lebens geworden zu sein, weshalb wir nach Mitteln und Wegen suchen, um ihm zu entkommen bzw. besser mit ihm umzugehen. Es ist kein Wunder, dass Kurse, Seminare und Ratgeber zum Thema Gelassenheit seit einigen Jahren boomen. Doch **Gelassenheitstrainings sind keine Erfindung der stressgeplagten Moderne.** Bereits in der griechischen Antike war die Gelassenheit in fast allen großen philosophischen Schulen eines der erklärten Lebensziele. Das stoische Gemüt ist heute noch sprichwörtlich – eine Redewendung, die darauf verweist, dass in der Stoa die Unerschütterlichkeit und Seelenruhe im Zentrum der Lebenspraxis standen. Den deutschen Begriff der Gelassenheit verdanken wir übrigens dem großen mittelalterlichen Philosophen Meister Eckhart.

So unterschiedlich die Lehren der verschiedenen antiken Philosophieschulen waren, in einem waren sich mehr oder weniger alle einig: Gelassenheit ist nicht nur eine Charaktereigenschaft, die man hat oder eben nicht hat, sondern etwas, das mit einer bestimmten Lebenseinstellung verbunden ist, etwas, in das man sich einüben kann. Natürlich wussten auch die antiken Denker, dass bestimmte Persönlichkeitstypen von Natur aus gelassener sind als andere und es deshalb etwas leichter haben, von außen kommenden Stress zu verdauen. Doch durch eine ganz bestimmte innere Haltung ist es auch dem weniger gelassen veranlagten Charakter möglich, etwas gelassener zu werden. Diese Haltung zeichnet sich durch eine Einsicht aus. Der Mensch weiß, dass es nahezu unmöglich ist, die Außenwelt den eigenen Vorstellungen und Ansprüchen anzupassen, da er auf die äußeren Umstände nur sehr bedingt Zugriff hat und sie selten völlig seiner Verfügungsgewalt unterliegen. Sinnvoller ist es daher, das zu verändern, worauf man Einfluss hat, nämlich die eigenen Überzeugungen und Haltungen. Mit dieser Idee wurden Sie in diesem Buch bereits öfter konfrontiert.

In der Regel gehen wir jedoch genau den anderen Weg, wir versuchen, die äußeren Umstände passend zu machen, was sehr viel Kraft kostet, zusätzlichen Stress erzeugt und nur sehr begrenzt funktioniert. Wenn es mit der eigenen

Gelassenheit nicht so recht klappt, dann kann es hilfreich sein, dass wir unsere Überzeugungen einmal etwas gründlicher ansehen.

Ein Stressgrund, den wir uns häufig selbst schaffen, liegt vermutlich in der Überzeugung, dass nur ein optimal genutztes Leben, in dem wir möglichst viele Optionen realisieren, ein lebenswertes Leben ist. Diese optimale Ausnutzung führt jedoch zu einer sehr engen Taktung des Lebensrhythmus. Jede Minute will genutzt sein, so denken wir oft. Kommt es zu einer unerwarteten Veränderung, hat diese Auswirkung auf alles andere, da es kaum mehr Pufferzonen gibt. Wer ein verlängertes Wochenende so nutzt, dass er den Sonntagabend noch in der Mailänder Skala verbringt, am Montagvormittag aber wieder im Büro sitzen muss, der wird kaum dem verspäteten Abflug in der Früh gelassen entgegenwarten.

Aber auch unsere übersteigerten Erwartungen an uns selbst und daran, wie die Dinge zu laufen haben, erzeugen Stress. Wer immer perfekt sein will, kann nicht gelassen sein. Wer jedoch damit leben kann, dass gut – und eben nicht sehr gut – manchmal gut genug ist, wird sicherlich entspannter durchs Leben gehen als ein Perfektionist. Dies heißt nicht, dass wir uns nicht in bestimmten Bereichen darum bemühen sollten, etwas sehr gut zu machen, doch es ist illusorisch, immer alles sehr gut machen zu wollen. Zudem ist es weder nützlich noch notwendig.

Stress ist aber nicht nur eine individuelle Angelegenheit, sondern hat eine strukturelle-gesellschaftliche Seite, auf die wir meist nicht oder nur sehr bedingt direkten Einfluss nehmen können. Sie zeigt sich z.B. in der Strukturierung der Arbeitswelt. Wenn immer mehr Arbeit auf immer weniger Menschen verteilt wird, nutzt irgendwann die beste Stressresilienz der Einzelnen nichts mehr. Zu viel ist zu viel. Dazu kommt, dass wir heute in vielen beruflichen Feldern in immer kürzerer Zeit immer mehr Arbeitsabläufe bewältigen müssen. Wer diese gesellschaftliche Seite von Stress außen vor lässt, betreibt eine sehr ungesunde Überindividualisierung, weil den Einzelnen im Namen der Autonomie, Selbstverantwortung und Freiheit Dinge aufgebürdet werden, die sie gar nicht leisten können. Wir sind eben nicht nur autonome Individuen, sondern wir sind immer auch in Strukturen eingebunden, die wir oftmals nicht selbst geschaffen haben.

Sage mir, wie du bewertest, und ich sage dir, wie du dich fühlst

Jenseits des Perfektionismus- und Optimierungswahns erkannten die antiken Skeptiker bereits vor knapp 2400 Jahren ein anderes zentrales Störfeuer, das die Gelassenheit torpediert, nämlich unseren ununterbrochenen Drang, Dinge und Menschen zu beurteilen und zu bewerten. Die Skeptiker richteten ihr Augenmerk in besonderer Weise auf den Zusammenhang zwischen unseren Denkgewohnheiten und den damit verbundenen Auswirkungen auf unsere seelische oder, formulieren wir es etwas moderner, psychische Gestimmtheit.

Pyrrhon von Elis, der als Stifter dieser Denkrichtung gilt, auch wenn es schon lange vor ihm in Griechenland Denker gab, die Ähnliches formuliert hatten, erkannte, dass wir nichts Sicheres wissen können, da die beiden Organe unserer Erkenntnis, die Sinne und die Fähigkeit zum schlussfolgernden Denken, uns täuschen können. Bei den Sinnen ist es offensichtlich. Jeder kennt Fehlurteile, die auf falschen Sinneseindrücken basieren. Wenn Sie nachts alleine in einer als unheimlich empfundenen Gegend unterwegs sind, begegnen Ihnen seltsame Gestalten, die sich beim Näherkommen dann doch nur als Müllsäcke oder was auch immer entpuppen. Der Schrecken, der Ihnen in die Glieder fuhr, ist aber ganz real. Ihr Herzklopfen können Sie auch noch Minuten später spüren.

Die Skeptiker sagten nun: Wenn unsere Urteile über die Welt und alles, was mit ihr zusammenhängt, nur Behauptungen, Meinungen und Überzeugungen sind, dann ist es besser, sich aller Meinungen und Überzeugungen zu enthalten bzw. ihnen die letzte Zustimmung zu verweigern, d.h. sich stets bewusst zu machen, dass es auch ganz anders sein könnte. Diese Haltung basiert auf zwei Grundannahmen: zum einen auf der erkenntnistheoretischen Grundannahme, dass all diese Aussagen letztlich unzutreffend sind, und zum anderen auf der eher psychologischen Grundannahme, dass jedes kognitive Urteil mit einer Emotion verbunden ist. Bei den positiven Emotionen stört uns das in der Regel nicht, bei den negativen schon eher, auch wenn uns normalerweise der Zusammenhang nicht auffällt. Denken Sie einfach einmal an ein Lied, das Ihnen gut gefällt. Die Bewertung „schön" oder „angenehm", die Sie tätigen, ist ein Urteil. Und nun nehmen Sie einmal kurz wahr, was Sie empfinden, wenn Sie an dieses als schön bewertete Musikstück denken. Ich gehe davon aus, dass es ein angenehmes Gefühl war. Das Gleiche passiert, wenn Sie etwas negativ bewerten. Sie werden ein eher unangenehmes Gefühl wahrnehmen.

Beide Empfindungen führen dazu, dass das seelische Gleichgewicht gestört wird. Die Skeptiker gaben daher die Losung aus, wer Gelassenheit erlangen möchte – sie sprachen von Ataraxia (Unerschütterlichkeit) –, dem bleibt nichts anderes übrig, als sich von seinen Urteilen zu lösen. Wo kein Urteil, da keine emotionale Beunruhigung.

Sie werden sich jetzt vielleicht denken: Eine ganz nette philosophische Spielerei, aber völlig praxisuntauglich, da wir in unserem Alltag gar nicht anders können, als Dinge zu beurteilen! Diesen Vorwurf hörten die Skeptiker natürlich auch schon zu ihrer Zeit. Während einige tatsächlich forderten, diese Haltung mit allen Konsequenzen durchzuziehen, waren andere etwas moderater. Sie akzeptierten einen Alltagspragmatismus, der es zuließ, unter Vorbehalt bestimmten Dingen zuzustimmen oder auch nicht.

Bin ich, was ich fühle?

Berühmt für Ihre Gelassenheit waren besonders die Stoiker, die von Apatheia und Ataraxia redeten. Anders als für uns heute, die von einem apathischen Menschen eher unangenehm berührt werden, fanden die alten Griechen den Apathiker richtig cool, weil er nämlich ohne Leidenschaften, also a-pathos, war. Apatheia heißt nämlich Leidenschaftslosigkeit. Einer, der seine Leidenschaften zügeln konnte und nicht von ihnen willkürlich bestimmt und hin und her gerissen wurde, war also ein Apathiker. Wie gesagt: Ein richtig cooler Typ!

Die Stoiker waren davon überzeugt, dass unser Leben in ein größeres Ganzes, die kosmische Ordnung, eingebunden sei. Sie betrachteten die Harmonie als deren wesentliches Merkmal. Alles ist auf irgendeine Weise mit allem verbunden und nichts geschieht zufällig. Alles steht in einem Kausalzusammenhang mit anderem. Niemand kann dem Schicksal entrinnen. Die Stoa vertrat eine streng deterministische Lehre, die sie jedoch in einem Bereich durchbrach. Der Stoiker war überzeugt davon: Wie der Mensch das bewertet, was ihm die Vorsehung schickt, das unterliegt seiner Willensfreiheit.

Die Kunst des stoischen Lebens lag darin, das eigene Leben so zu gestalten, dass es in rechtem Einklang mit dem kosmischen Ganzen stand. Doch woher kann ich wissen, was das rechte Leben ist? Für den Stoiker war die Antwort klar: Durch den Gebrauch unserer Vernunft können wir das Richtige erkennen und dann danach leben. Einer der stoischen Leitsprüche lautete: Der Mensch soll ein naturgemäßes Leben führen. Wenn Sie jetzt an Müsli und Jute statt Plastik denken, dann liegen Sie leider nicht richtig. Naturgemäß bedeutete für die Stoiker gemäß den kosmischen Gesetzen, die durch die eigene Vernunft erkannt werden können, zu leben. Zugegebenermaßen sind die kosmischen Gesetze dann doch nicht ganz so naturgegeben, wie die Stoiker es behaupteten, denn ansonsten hätten alle anderen Philosophieschulen diese auch erkennen müssen. Besonders die gerade genannten Skeptiker rieben die stoische Erkenntnislehre jedoch ganz schön auf.

Die Vernunft spielte bei den Stoikern aber noch aus einem anderen Grund eine wichtige Rolle. Durch diese kann der Mensch alle Vorstellungen, die ihm seine Triebregungen erzeugen, prüfen. Hier sind wir bei einer zentralen Stelle der stoischen Gelassenheitslehre: die Triebe zu zügeln. Mit dem Prüfen allein war es nämlich nicht getan. Die hohe Kunst des stoischen Lebens bestand darin, seine Triebe zu beherrschen, und keinesfalls ungeprüft das zu tun, was sie fordern. Die Forderung ging so weit, dass sich der Stoiker von allen Trieben und Affekten befreien oder sie zumindest zurückdrängen bzw. beherrschen musste.

Aus Sicht der Stoiker stellt sich das große Ziel, die Seelenruhe, nur ein, wenn sich der Mensch frei macht von den eigenen Leidenschaften, wenn er also apathisch, leidenschaftslos, wird. Die Kontrolle der Leidenschaften durch die Vernunft ist unverzichtbar, da die Leidenschaften fatale Eigenschaften haben: Sie erregen die Seele und bringen sie aus ihrem inneren Gleichgewicht. Dadurch führen sie zu falschen Urteilen, da eine durch die Leidenschaften aufgewühlte Seele ihre Zustimmung zu den falschen Dingen gibt.

Diese Erkenntnis der stoischen Philosophen können wir heute noch sehr leicht verifizieren. Erinnern Sie sich einmal an einen Moment, in dem Sie richtig aufgebracht oder wütend waren und in diesem Zustand eine Entscheidung gefällt haben. Mit großer Wahrscheinlich haben Sie diese Entscheidung bereut, nachdem die Wut verraucht war. Dies gilt natürlich auch für die Begeisterung. So manche in der Euphorie und aus der Euphorie heraus gefällte Entscheidung bereuen wir im Nachhinein. Das war auch der Grund, weshalb es in der radikalen Ausprägung des stoischen Denkens galt, alle Affekte zu überwinden, auch die positiven.

Die Schattenseite dieser radikalen Art von Gelassenheit soll nicht verschwiegen werden: ein völliges unempathisches Verhalten der Umwelt gegenüber, von der man sich nicht mehr berühren lassen möchte. Dies muss nicht zwangsläufig eintreten, doch die Geschichten über einige große Apathiker nähren den Verdacht, dass die krampfhafte Fokussierung auf die Ausschaltung aller als störend empfundenen Leidenschaften den Menschen nicht immer zu einem sozial verträglichen Exemplar macht.

Und so war es nicht erst die Moderne, die die Frage stellte, ob diese radikale Form von Gelassenheit wirklich erstrebenswert sei. Bereits spätere Stoiker, wie z.B. der römische Philosoph Cicero hielten die Ausschaltung aller Affekte für unmenschlich. Cicero war überzeugt, dass ein völlig affektloser Mensch eher einem Stein als einem Menschen gleiche. Friedrich Nietzsche erklärte das stoische Ideal gleich ganz zum Antiideal, da er die stoische Gelassenheit nur als Verarmung des emotionalen Lebens verstand. Ganz Unrecht hatte er nicht, auch wenn er seine Polemik über ziemlich jede Philosophie ausschüttete, die nicht die seine war.

Lustvoll gelassen, gibt's das?

Wenn Ihnen das klassisch stoische Gelassenheitsmodell mit seiner radikalen Affektausschaltung etwas zu asketisch erscheint, dann gefällt Ihnen vielleicht das des großen Gegenspielers der Stoa, des Philosophen Epikur, besser. Auch Epikur erklärte die Ataraxia zum Ziel seiner Philosophie und auch er fand, dass es hilfreich sei, wenn man selbige erlangen wolle, nicht jeder Triebregung hemmungslos nachzugeben. Doch Epikur hatte neben der Ataraxia etwas Weiteres zum Ziel des Lebens erklärt: die Lust. Da Lust auf Griechisch Hedone heißt, bezeichnete man Epikurs Philosophie als hedonistische Philosophie. Dieser Begriff ist bereits im Kapitel „Das Glück ist ein Rindvieh … oder doch nicht?" gefallen. Einen, der es richtig krachen lässt und der das Leben in vollen Zügen genießt, den nennen wir einen Hedonisten.

Dass Epikur jedoch kein Lüstling war, wie es seine stoischen und späteren christlichen Gegner behaupteten, wird deutlich, wenn wir uns anschauen, was er seinem Schüler Menoikeus über die Lust schrieb:

> *„Wenn wir also sagen, daß die Lust das Lebensziel sei, so meinen wir nicht die Lüste der Wüstlinge und das bloße Genießen, wie einige aus Unkenntnis und weil sie mit uns nicht übereinstimmen oder weil sie uns mißverstehen, meinen, sondern wir verstehen darunter, weder Schmerz im Körper noch Beunruhigung in der Seele zu empfinden."*[34]

Lust bedeutet für Epikur körperliche Schmerzfreiheit und Seelenruhe, also Ataraxia!

Die Ataraxia war sein erklärtes Lebensziel, von dem er überzeugt war, dass jeder Mensch sie erlangen könne, wenn er einige Dinge in seinem Leben beachtete. Epikur erkannte, dass bestimmte Lebensformen deutlich höhere Störmomente für den inneren Seelenfrieden aufweisen als andere. Zu seiner Zeit zählte die politische Betätigung im Staat dazu, da es unruhige Zeiten waren. Aus diesem Grund riet er seinen Schülern, besser ein Leben im Verborgenen zu führen, d.h. nicht in einem öffentlichen Amt Bestätigung etc. zu suchen. Diese Anweisung war, wie gesagt, eine sehr zeitgebundene.

Das Verborgene muss aber nicht nur für den privaten Raum stehen, es kann im übertragenen Sinn auch für den Raum stehen, in dem wir eigenständig wirken und gestalten können, so wir bereit sind, etwas genauer hinzusehen. Vermutlich wissen Sie selbst am besten, in welcher Lebensform Ihre Störmomente besonders intensiv auftreten. Für viele von uns ist es wahrscheinlich das berufliche Umfeld. Nicht immer können wir dort den Störfaktoren entkommen, doch hier würde Epikur vermutlich fragen, wozu wir bestimmte Tätigkeiten ausüben. Könnten wir nicht auch etwas anderes tun, oder das, was wir tun, auf eine andere Art und Weise erledigen?

Epikur erkannte noch etwas: Übermäßiger Wohlstand ist nicht nur ein Quell der Lust, entgegen der landläufigen Überzeugung seiner Zeitgenossen, die vermutlich die meisten von uns ebenso teilen. Wer viel hat, muss sich nämlich um viel kümmern, er hat also mehr Kümmernisse und macht sich vom Luxus abhängig, wird zum Sklaven des Besitzes. Aus diesem Grund riet Epikur seinen Schülern, ein einfaches Leben zu wählen. Aber Epikur war kein Askeseapostel. Nur wenige antike Philosophen hatten ein so entspanntes Verhältnis sinnlichen Genüssen gegenüber wie er.

Der Mensch darf und soll das Sinnliche auf maßvolle, sprich vernünftige Art und Weise genießen, aber er soll sein Seelenheil nicht von diesen Genüssen abhängig machen. Epikur sah, wie viel Energie und Anstrengung der Mensch auf die Sicherung seines Wohlstandes verwenden muss. *Wer mit weniger auskommt, muss sich um weniger sorgen.* Dies trägt erheblich zum seelischen Frieden bei. Sein Motto war: Genieße, wenn du kannst, aber jage dem

Genuss nicht hinterher. Denn wenn die Seele Lustmomente welcher Art auch immer halten will, was nicht möglich ist, führt dies zu Enttäuschungen und seelischem Schmerz, der die Seele aus ihrer inneren Ruhe reißt. Um nicht von diesem seelischen Aufruhr mitgerissen zu werden, muss man ihn nüchtern mit dem Verstand analysieren.

Die nüchterne Analyse aller Störmomente der Gelassenheit, zu der für ihn auch die Furcht der Menschen vor dem Tod und vor den Göttern oder die bereits genannten ungezügelten Begierden zählten, hielt Epikur für das wichtigste Therapeutikum, wenn es darum geht, die innere Unruhe zu beseitigen und zu wahrer Gelassenheit zu gelangen.

Die Furcht vor den Göttern beunruhigt den modernen Menschen vermutlich nicht mehr allzu sehr, anders als die Angst vor dem Tod. Ob Sie Epikurs nüchterne Analyse als Therapeutikum gegen die von der Angst vor dem Tod verursachte Seelenunruhe überzeugt, müssen Sie selbst entscheiden. Nach Epikur sind unsere Empfindungen für unser Glück und Unglück verantwortlich, da unsere Empfindungen mit dem Tod zerfallen, brauchen wir uns vor dem Tod nicht zu fürchten. Berühmt ist Epikurs Ausspruch:

> *„Denn solange wir existieren, ist der Tod nicht da, und wenn der Tod da ist, existieren wir nicht mehr."*[35]

Warum es manchmal hilfreich sein kann, sich selbst zu lassen

Das Ringen um den inneren Seelenfrieden war nicht nur ein Thema, das die antiken Denker beschäftigte, sondern auch mittelalterliche Philosophen wie Meister Eckhart. Sein Gelassenheitskonzept ist für uns heute noch interessant, da er auf zwei sehr wichtige Dimensionen der Gelassenheit hinwies. Zum einen hat Gelassenheit etwas mit einer Aktivität zu tun. Wir müssen etwas tun, um gelassen zu werden: nämlich etwas loslassen. Das Haben-Wollen, das Gegenteil des Loslassens, wie auch immer es inhaltlich gefüllt ist, ist aus Eckharts Warte der Garant dafür, nie zu erfahren, was tiefe innere Gelassenheit bedeutet.

Mit dem Loslassen ist aber schon die zweite Dimension verbunden. Der Mensch muss bereit sein, etwas zuzulassen, etwas mit sich geschehen zu lassen. Wer an die komplette Planbarkeit seines eigenen Lebens glaubt, wird vermutlich nie mit einer tiefen inneren Gelassenheit in Berührung kommen.

Gelassenheit hat viel zu tun mit Offenwerden, mit Abstand- und Abschiednehmen von eigenen Konzepten. Sie ist nicht mit Willensschwäche und Antriebslosigkeit zu verwechseln. Derjenige, der bereit ist, Dinge zuzulassen, der offen ist für Unerwartetes, kann auf die Anforderungen des Lebens einfach viel besser reagieren, da er flexibler ist. Er lässt sich inspirieren von dem, was ist, und gerät nicht in Panik, weil es mit dem Erwarteten, Prognostizierten oder Erhofften nicht übereinstimmt.

Gelassenheit ist bei Meister Eckhart aber auch die Ausgangsvoraussetzung, um mit der göttlichen Wirklichkeit in Berührung zu kommen. In der Gelassenheit dringt der Mensch in seinen innersten Seelengrund vor. Dies gelingt ihm nur, wenn er alles Eigene lässt. Eckhart sagt an einer Stelle, der Mensch müsse sich selber lassen. Sich selbst zu lassen, heißt natürlich nicht, sich aufzugeben, zum hoffnungslosen Fall zu erklären und Suizid zu begehen. Sich selbst zu lassen, heißt, dass wir bereit sind, uns von unseren Gedankenmustern und emotionalen Mustern zu lösen. Solange wir uns mit diesen identifizieren, sie nicht als etwas Bedingtes und Veränderbares anerkennen, sind wir so in diesen Mustern gefangen, dass wir nicht offen sind für die Fülle des Daseins. Erst wenn wir bereit sind, die Identifikationen und den damit verbundenen Absolutheitsanspruch aufzulösen, können wir nach Meister Eckharts Überzeugung mit uns selbst und damit mit dem göttlichen Urgrund in Berührung kommen.

Unabhängig davon, ob Sie nun an eine göttliche Wirklichkeit glauben oder etwas mit der Vorstellung eines Seelengrundes verbinden, sind Eckharts Gedanken zur Gelassenheit auch für unsere Zeit immer noch inspirierend und hilfreich. Eckhart verweist auf etwas sehr Wichtiges. Gelassenheit ist kein Tool, kein Werkzeug, um ein etwas zu hektisches Leben zu entschleunigen. Gelassenheit ist eine innere Haltung, die dadurch erlangt wird, dass man bereit ist zuzulassen, Kontrolle aufzugeben. *Gelassen zu sein, heißt, anzuerkennen, dass alles ganz anders kommen kann.*

Es bedeutet, von den eigenen Problemen Abstand nehmen zu können. Es impliziert die Fähigkeit, sich auf das ganz Andere und Unerwartete einzulassen. Und das bedeutet, auch andere Menschen und ihre Sichtweise gelten zu lassen. Gelassenheit hat somit auch mit einer Form von Toleranz zu tun, damit, zulassen und annehmen zu können.

Gelassenheit ist bei Eckhart zudem die Voraussetzung für einen gesammelten Geist. Wer einen klaren Gedanken denken möchte, tut gut daran, dies in einem Zustand der inneren Gelassenheit zu tun.

Gelassenheit zu den Dingen

Wer glaubt, die moderne Philosophie hätte zur Gelassenheit nichts mehr zu sagen, der irrt. Das Thema beschäftigt seit einigen Jahren wieder verstärkt die Philosophen. Einer der bekanntesten deutschen Denker, Martin Heidegger, machte sich schon Ende der 1940er-Jahre Gedanken über die Gelassenheit. Er richtete sein Augenmerk dabei auf etwas, das an Aktualität in den letzten Jahrzehnten noch deutlich zugenommen hat: auf unseren Umgang mit der Technik. Heidegger erblickte hier eine ganz bestimmte Art zu denken, die der Gelassenheit nicht wirklich zuträglich ist. Er nannte diese Form des Denkens die Zweckrationalität, in der alles von Machbarkeit und Verwertbarkeit bestimmt ist. Um mit der Technik und ihren Herausforderungen umgehen zu können, braucht es jedoch eine andere Haltung, ein anderes Denken. Und dieses verband Heidegger mit dem Gedanken der Gelassenheit. Sie ist nämlich nicht in der Zweckrationalität des wissenschaftlichen und in der Alltäglichkeit des normalen Denkens gefangen:

„Die Gelassenheit kann erwachen, wenn unser Wesen zugelassen ist, sich auf das einzulassen, was nicht ein Wollen ist"[36], sagt Heidegger.

Gelassenheit taucht also erst dann auf, wenn wir etwas zulassen, wenn wir offen werden für das, was auf uns zukommt. Ein wenig erinnert das an Meister Eckhart, dessen Denken Heidegger sehr schätzte. Diese Offenheit, dieses Nicht-Tun ist die höchste Form des Tuns. Auf den ersten Blick klingt dies völlig absurd, doch es trifft die Sache genau. Nichts erfordert mehr von uns als das bewusste Loslassen und Zulassen. Es kostet viel Mut, aus dem Modus der permanenten umtriebigen Hektik auszusteigen, denn diese kaschiert wunderbar, dass uns kaum etwas so beunruhigt wie das Nicht-Tun. Gelassenheit hat für Heidegger auch mit Wartenkönnen zu tun.

Heidegger beschäftigte die Frage, wie wir zu einem guten Umgang mit der Technik finden können, der wir noch gar nicht gewachsen sind. Er formulierte diese Gedanken in einer Zeit, in der sich niemand vorstellen konnte, wie Internet und Handy unsere Welt verändern würden. Seine Gedanken waren dabei von einer gehörigen Portion Technikkritik gespeist. Dennoch bieten sie ein paar gute Impulse zum Nachdenken, was unseren Umgang mit der Technik anbelangt, die in unserer Zeit unser Leben sicherlich deutlich mehr dominiert, als dies zu Heideggers Zeit der Fall war.

Die Moderne ist nach Heidegger vor allem vom planenden und forschenden, auf Effizienz, Rationalität, Verzweckbarkeit und Nützlichkeit gerichteten Denken geprägt. Er nennt es das „rechnende Denken". Diese Art des Denkens hält die Welt und die Wirtschaft am Laufen, aber es entfremdet die Menschen von sich selbst und der Welt. Anders verhält es sich mit dem besinnlichen Denken, das den Menschen als (nach)sinnenden Wesen dazu verhilft, dem Wesentlichen im Leben nachzuspüren.

Um nicht vom rechnenden Denken und der Technik verschlungen zu werden, empfahl Heidegger „Gelassenheit zu den Dingen". Dies meint nichts anderes als eine gewisse Gleichgültigkeit den Dingen gegenüber. Wenn Heidegger von der Gelassenheit zu den Dingen spricht, meint er nicht, dass wir die technischen Dinge ignorieren oder meiden sollten, sondern dass wir sie als eine von mehreren Möglichkeiten der Lebensgestaltung betrachten. Wir können sie nutzen, müssen sie aber nicht immer und überall nutzen. Wir können bewusst Ja und auch bewusst Nein zu ihnen sagen.

Gerade dieser Wandel zwischen Nähe und Distanziertheit der Technik gegenüber erzeugt das positive Gefühl der Gelassenheit zu den Dingen. Mit ihr ist aber noch etwas verbunden, das Heidegger „Offenheit für das Geheimnis" nennt. Diese erst bringt die Menschen mit der tieferen Dimension des Daseins in Berührung. Wer sich auf das Ja und Nein zur Technik einlässt, kann sie nutzen, ohne von ihr dominiert zu werden. Er fällt nicht dem rechnenden Denken anheim, ist offen für das besinnliche Denken, das uns eine ganz andere Dimension der Wirklichkeit eröffnet.

Heideggers Gedanken des Ja und Nein zur Technik sind natürlich noch von Zeitumständen geprägt, in denen die soziokulturellen Rahmenbedingungen ein bewusstes Ja oder Nein zur Technik noch leichter machten. Es ist offensichtlich, dass uns heute das Nein zur Technik, das Nicht-Nutzen immer schwerer fällt. Wer sich heute dauerhaft dem Computer und dem Internet sowie all den damit verbundenen Anwendungen entziehen möchte, manövriert sich nicht nur beruflich schnell aufs Abstellgleis; denn immer mehr Bereiche des öffentlichen und sozialen Lebens werden davon dominiert. Es ist heute eben nicht mehr nur eine Entscheidung der Einzelnen, ob sie etwas nutzen möchten oder nicht; die strukturellen Rahmenbedingungen lassen einen völligen Ausstieg eigentlich nur noch zum Preis eines Einsiedlerdaseins zu.

Dennoch können wir die Frequenz der Nutzung gerade im privaten Bereich zu einem gewissen Grad immer noch selbst steuern. Das Ja und Nein zur Technik bedeutet zu erkennen, wann ich etwas nutzen muss und wann ich etwas sein lassen kann. Das Nein zur Technik, sprich: immer wieder partiell auf ihren Einsatz zu verzichten, ist eine bewusste Entscheidung. *Wer dauernd online ist, ist dies in den seltensten Fällen, weil er es muss,* sondern weil er Angst hat, etwas zu versäumen. Wir müssen uns das immer wieder bewusst machen. Wer sich immer wieder für das partielle Nein entscheidet, gewinnt so etwas wie Gelassenheit zu den Dingen und damit auch ein Stück weit innere Gelassenheit.

Aber noch etwas anderes ist meines Erachtens der inneren Gelassenheit sehr zuträglich. Verabschieden Sie sich von dem Gedanken, immer und auf alles gelassen reagieren zu müssen. Wenn Sie diese Illusion aufgeben, haben Sie schon den ersten wichtigen Schritt hin zu mehr Gelassenheit und innerer Entspanntheit unternommen.

Darf's ein bisschen mehr sein? Die Suche nach dem rechten Maß

Die Geschichte der Menschheit ist ein Oszillieren zwischen den beiden Polen Maßhalten und Maßlosigkeit, wobei die Maßlosigkeit meist als das Negative, dem Einhalt zu gebieten ist, betrachtet wurde. Maßlosigkeit bedeutet, wie es der Begriff bereits sagt, dass ein bestimmtes festgesetztes Maß überschritten wird, welches als das Normale betrachtet wird. Das Maß gilt als die Norm. Ein Abweichen vom Maß bedeutet aber nicht nur eine Normverletzung, sondern birgt die Gefahr, in den Bereich des Ungesunden, des Krankhaften abzugleiten.

Die Sehnsucht nach der Maßlosigkeit

Bevor wir diesen Gedanken verfolgen, möchte ich einen anderen Aspekt zu bedenken geben: Es gibt auch Lebensbereiche, die gerade durch die zeitweise, partielle Maßlosigkeit, durch das Verlassen der Mitte ihre Bedeutung und ihren Wert gewinnen. Würde uns die Kunst begeistern, wenn sie immer nur maßvoll wäre? Ich glaube nicht. Dies ist vermutlich der Grund, weshalb Nietzsche das dionysische Element so stark betonte. Das Rauschhaft-Orgiastische scheint etwas zu sein, ohne das die Kunst auf Dauer nicht auskommen kann.

Aber nicht nur die Kunst verlangt immer wieder die Überschreitung des Maßes. Wäre eine stets wohltemperierte Liebe, die nicht auch maßlos sein kann, etwas, was uns berührt? Die große Herausforderung in bestimmten Bereichen scheint eher darin zu liegen, ein gutes Verhältnis zwischen dem Übermaß und dem Maß zu finden.

Aber auch jenseits der Liebe und der Kunst scheinen wir eine gewisse Sehnsucht in uns zu verspüren, das rechte Maß hier und da zu überschreiten. Ein ausschließlich maßvolles Leben scheint für die meisten von uns keines zu sein, welches uns begeistert, so sehr es alle großen philosophischen und weisheitlichen Strömungen weltweit gepriesen haben. Natürlich haben nicht alle Menschen ein gleich ausgeprägtes Bedürfnis danach, immer wieder maßlos zu sein, und nicht alle Lebensphasen verlangen gleichermaßen nach der Maßlosigkeit. Vermutlich waren Sie in Ihrer Jugend etwas weniger darauf bedacht, maßvoll zu sein als heute. Doch ein Blick in alle Kulturen zeigt, dass Menschen immer wieder Phasen der Maßlosigkeit suchen und brauchen.

Über viele Jahrhunderte waren diese Phasen relativ klar strukturiert, etwa wie bei uns die aufeinander bezogenen Zeiten des Faschings und der nachfolgenden Fastenzeit. Heute ist die Suche nach der Maßlosigkeit, dem Ausbruch aus dem Maß, individualisierter, was aber nicht bedeutet, dass es nicht immer noch kollektive Ausbruchszeiten gibt. Es sei nur an das Oktoberfest, die Fußball-WM, die Loveparade oder diverse Nachabitur-Sauffahrten nach Spanien oder Kroatien erinnert. Mir geht es nicht um den Sinn und Wert dieser Veranstaltungen, sondern nur darum zu zeigen, dass Menschen immer wieder aus dem Maß und Maßhalten ausbrechen möchten. Kulturell hat sich der drogeninduzierte Ausbruch, wozu ich Alkoholexzesse zähle, als die scheinbar einfachste Form des Maßbruchs erwiesen, was nicht heißt, dass es die beste ist.

Ich möchte im Folgenden jedoch einen Aspekt der Maßlosigkeit in den Blick nehmen, der uns gesellschaftlich vermutlich noch mehr als der Exzess beschäftigt: nämlich die Gier. Während der Exzess medial eindrucksvoll inszeniert werden kann, ist dies bei der Gier etwas schwieriger. Der Exzess ist die offensichtlich gelebte Form einer Maßlosigkeit, die die Mitte der Norm überschritten hat. Der Exzess ist meist mit dem Rauschhaften verbunden. Das ist die Gier in dieser Weise nicht. Die Gier scheint eher eine Antriebskraft zu sein, die das Streben auf ein Immer-Mehr richtet, das kein Ziel und kein Ende zu kennen scheint.

Das König-Midas-Syndrom

Vielleicht fragen Sie sich jetzt, was denn die Gier zur Gier macht? Ist jedes Streben nach Mehr, nach Besitz und Geld per se schon Gier, wie es in vielen spirituellen Traditionen gelehrt wird? Sind Sie gierig, nur weil Sie sich etwas gekauft haben, das Sie nicht unbedingt benötigen?

Die Arbeitsgruppe ‚Differentielle Psychologie, Persönlichkeitspsychologie und Psychologische Diagnostik' um den an der Universität Würzburg lehrenden Psychologieprofessor Johannes Hewig ging der Frage nach, was Gier auszeichnet.

Sie kam zu dem Ergebnis, dass es sich bei der Gier um eine

> *„Kombination aus Werten und Temperamentseigenschaften handle: Gier lässt sich von einem ‚normalen' Streben nach Geld und materiellen Gütern abgrenzen, da sie durch eine Form von Rücksichtslosigkeit begleitet wird, wobei gierige Personen es in Kauf nehmen, dass eigene materielle Vorteile auf Kosten anderer gehen."*[37]

Wenn eine ausgeprägt materialistische Haltung auf Rücksichtslosigkeit trifft, dann sprechen die Forscher also von Gier. Sie können also beruhigt aufatmen: Die Tatsache, dass Sie sich etwas gekauft haben, das Sie gar nicht brauchen, ist noch nicht primär Ausdruck von Gier.

Dass die Würzburger Psychologen ihr Augenmerk auf die materielle Gier richteten, ist verständlich, da wir Gier primär mit dem Streben nach mehr Besitz oder Macht oder Ansehen verbinden. Allerdings gibt es auch so etwas wie eine Gier nach Geistigem. Trungpa Rinpoche, einer der Pioniere der tibetischen Tradition im Westen, sprach in diesem Kontext von spirituellem Materialismus. Dieser erscheint in einem anderen Gewand und die von ihm Infizierten weisen wahrscheinlich ein anderes Persönlichkeitsprofil auf als die Menschen, die bei den Würzburger Studien untersucht wurden. Doch auch hier zeigt sich eine Tendenz zum Immer-Mehr-Haben-Wollen. Man will mehr außergewöhnliche Erfahrungen machen, intensiver erleuchtet sein als andere usw. Im Folgenden werden wir uns auf die Auseinandersetzung mit der materiellen Gier beschränken.

Was den Gierigen unabhängig davon, wonach er giert, kennzeichnet, ist, dass er sich selbst kaum als gierig bezeichnen würde. Oder kennen Sie jemanden, der von sich behauptet, richtig gierig zu sein? Menschen gestehen, eifersüchtig, nicht immer ehrlich, unglücklich oder was auch immer zu sein, aber ein Bekenntnis zur Gier begegnet uns selten. Wer auf Teufel komm raus immer mehr haben will, als er braucht, hält sich für einen echten Schnäppchenjäger oder für ziemlich clever oder für einen großartigen Manager, der nimmt, was ihm zusteht, – aber im seltensten Fall für gierig.

Anders als beim Exzess, der sich irgendwann für den Einzelnen destruktiv auszuwirken beginnt – zu viele Drogen, zu viel Alkohol hält der menschliche Körper nur eine begrenzte Zeitspanne aus –, scheint sich die Gier, die auf Macht, Geld oder Einfluss fokussiert ist, langsamer zu destruieren. Es ist zwar eine Ursehnsucht, eine Hoffnung der Menschheit, dass der Gierige an seiner Gier zugrunde gehen möge, weil sie das Zusammenleben empfindlich stört, aber so wie im griechischen Mythos vom König Midas, der eine Lektion in Sachen Gier erhielt, läuft es im richtigen Leben doch eher selten.

König Midas hatte bei Dionysos einen Wunsch frei, worauf er sich sofort wünschte, dass alles, was er berührte, zu Gold werden sollte. Dies geschah auch. Wirklich alles wurde zu Gold, auch das, was er zu trinken oder zu essen versuchte. Ein Goldklumpen in der Kehle fühlt sich aber nicht so angenehm an wie der in der Hand – und Durst und Hunger stillt er erst recht nicht. Glücklicherweise war Dionysos gnädig und schickte den goldgierigen König zu einem Fluss, in dem er sich von seiner Gier reinwaschen konnte.

Der Gierige hatte danach seine Lektion gelernt. Das unterscheidet den Mythos von der Wirklichkeit.

Warum wollen wir immer mehr haben?

Geschichtlich lässt sich der ursprüngliche Trieb zum Mehr-Horten als das, was gerade benötigt wird, durchaus nachvollziehen, denn wer Vorräte anlegte, hatte bessere Überlebenschancen in Krisenzeiten. Doch dies allein ist natürlich noch keine Gier. Zur Gier wird dieses Verhalten, wie wir erfahren haben, wenn es rücksichtslos auf Kosten anderer ausgelebt wird und nicht stillbar ist. Und noch etwas kommt hinzu.

Schon in der Antike wies die Gier ein ganz bestimmtes Charakteristikum auf: Bei der Gier fragen wir nicht, ob wir etwas benötigen, sondern wir wollen es einfach haben. Hinter der Gier verbirgt sich die Haltung des Habenwollens um jeden Preis. Der Inhalt des Begehrens ist dabei sekundär.

Aus psychologischer Sicht sind mit der Gier aber noch andere Elemente verbunden. Oftmals hängt auf subtile Weise unser Selbstwert am Habenwollen. Ich habe, also bin ich. Habe ich mehr, bin ich mehr (wert). Der Wunsch nach Macht, Einfluss, Ansehen und Exklusivität befeuert die Gier. Das Problem hierbei besteht nur darin, dass ein an Besitz und Einfluss gekoppeltes Ansehen eben just in dem Moment verschwindet, in dem Besitz und Einfluss schwinden. Um dies zu verhindern, müssen daher mehr Besitz und mehr Einfluss her. Die Gierspirale ist in Gang gesetzt.

Doch nicht alle Menschen gieren gleichermaßen. Bestimmte Persönlichkeitstypen neigen stärker zur Gier als andere. Konkurrenzbetonte, manipulative Menschen, die primär ihr Eigeninteresse verfolgen, einen hohen gesellschaftlichen Status im Blick haben und materialistisch orientiert sind, sind deutlich gieranfälliger als Menschen, die diese Eigenschaften nicht mitbringen. Je höher der soziale Status einer Person ist oder von dieser selbst so eingeschätzt wird, desto eher wird Gier positiv bewertet.[38] Noch etwas haben psychologische Studien gezeigt: Gier und unethisches Verhalten sind gekoppelt.

Wie groß der Einfluss der Genetik auf unsere Persönlichkeitsstruktur ist, kann momentan niemand sicher sagen, aber dass er vorhanden ist, ist unbestreitbar. Bestimmte genetische und hormonelle Dispositionen befördern z.B. die Kooperationsfähigkeit, den Gerechtigkeitssinn oder den Altruismus, also das Gegenteil von Egoismus und Gier. Variationen eines Gens namens AVPR1a haben u.a. Einfluss darauf, wie altruistisch oder wie egoistisch wir agieren.[39] Wird z.B. unser Belohnungszentrum im Gehirn durch eine Belohnung – und Geld ist eine Belohnung – angeregt, dann erzeugt das in uns ein Wohlbefinden, allerdings springt dieses Belohnungssystem nicht bei allen Menschen gleichermaßen auf Geld an.

Wie bei allen Dingen, die uns die Natur als ‚Starterkit' mitgegeben hat, variieren die Ausstattungen. Nicht bei allen Menschen ist die Veranlagung, die Altruismus ermöglicht, gleichermaßen ausgeprägt. Das ist zunächst nicht weiter schlimm, denn Erziehung und Umwelt haben auf unser Tun ebenso Auswirkungen wie unsere Genetik. Aber, und jetzt kommen wir zum entscheidenden Punkt: Wenn Erziehung und Umwelt unkooperatives, egoistisches Verhalten belohnen, werden Menschen, deren Disposition für soziales Verhalten nicht so ausgeprägt ist, deren Belohnungszentrum im Gehirn ganz schnell auf Geld anspringt, ein ‚wunderbares' Entfaltungspotenzial bekommen.

Bewertet ein gesellschaftliches System bestimmte Eigenschaften positiv oder negativ, werden diese auch häufiger oder weniger häufig anzutreffen sein, unabhängig von den Persönlichkeitstypen, die es gibt.

Gesellschaften, die kooperatives Verhalten belohnen, werden auch mehr Mitglieder haben, die dieses Verhalten an den Tag legen. In Gesellschaften, deren Maxime „Jeder ist sich selbst der Nächste" lautet, werden mehr Menschen nach dieser Maxime leben. Die Tatsache, dass mehr Menschen nach dieser Maxime leben, führt dann dazu, dass die Überzeugung wächst, dass dies die wahre Natur der Menschen sei und es deshalb in Ordnung sei, sich auf Kosten anderer einen Vorteil zu verschaffen.

Dass es nicht die wahre Natur der Menschen ist, zeigen diverse Studien mit Primaten. **Werden Schimpansen vor die Wahl gestellt, durch Kooperation oder Diebstahl eine Belohnung zu bekommen,** wählen sie das Modell Kooperation. Wer nicht kooperieren will, wird von der Gruppe negativ sanktioniert.[40] Dies bedeutet im Umkehrschluss natürlich nicht, dass wir prinzipiell nur auf Kooperation angelegt sind. Dennoch ist Kooperation ein wichtiges Mittel im menschlichen Zusammenleben.

Dass Konkurrenz und Eigennutz ebenso in uns angelegt sind, zeigt sich im sogenannten sozialen Dilemma, wenn Eigennutz und Allgemeinwohl miteinander kollidieren. Sehr oft entscheiden wir uns dann für den Eigennutz. Dies ist vielleicht auch der Grund, weshalb kommunistische Systeme bislang nur im Kleinen und nicht im Großen funktionieren. Bei überschaubaren Gruppengrößen scheint es uns leichter zu fallen, unseren Eigennutz hintanzustellen; vielleicht, weil wir die direkte Auswirkung unseres Verhaltens, wenn wir der Gemeinschaft etwas Gutes tun, auch bei uns selbst erleben können.

In uns sind also sowohl die Fähigkeit zur Kooperation als auch der Eigennutz angelegt. Wenn wir die Gier mit ihren negativen Folgen eindämmen möchten, wäre es hilfreich, darauf zu achten, dass sie gesellschaftlich nicht zum Zuge kommt. Wir leben allerdings in einem Gesellschafts- und Wirtschaftssystem, in dem die Gier zunehmend gesellschaftlich akzeptiert wird. Ein Wirtschaftssystem, das eine kurzfristige individuelle Gewinnmaximierung über die langfristigen Folgekosten und den Nutzen für die Gemeinschaft stellt, belohnt nicht nur Egoismus, sondern schafft eben den Nährboden für Gier. Sich auf Kosten anderer zu bereichern, gilt nun nicht mehr als Ausdruck eines asozialen Verhaltens, sondern als Zeichen von Cleverness.

Wobei die Protagonisten dieses Verhaltens nicht immer nur von Gier getrieben sein müssen. Ehrgeiz ist mindestens eine genauso starke Motivation für das Mehr-haben-wollen. Wenn gesellschaftliche Anerkennung sich durch Geld ausdrückt, kann hinter dem Wunsch nach Mehr eben auch das Bedürfnis nach genau dieser Anerkennung stehen. Und noch eines müssen wir festhalten: Die Gier ist älter als der Kapitalismus. Allerdings befördern bestimmte Ausprägungen des Kapitalismus eben maßgeblich die Gier.

Die Auswirkungen des Immer-Mehr

Auch wenn das Streben der Menschen nach mehr so alt wie die Menschheit ist, hatte diese Haltung bis in die Moderne keine globalen Folgen. Heute lassen sich diese jedoch kaum mehr übersehen. Die Klimaerwärmung führt nicht nur zu wärmeren Wintern, sondern auch zum Abschmelzen von Gletschern, zum steigenden Meerwasserspiegel sowie zu mehr Naturkatastrophen (Hurrikans, Überschwemmungen, Dürrekatastrophen etc.). Dass wir heute global mit diesen Nebenwirkungen des Immer-Mehr zu kämpfen haben, hängt wesentlich mit zwei Faktoren zusammen: mit der Industrialisierung und dem Bevölkerungswachstum.

Bevölkerten zurzeit Jesu etwa 300 Millionen Menschen diesen Planeten, waren es zur Luthers Lebzeiten, also 1500 Jahre später, immer noch nicht mehr als 500 Millionen – ein sehr moderates Wachstum. Die erste Milliarde war zu Beginn des 19. Jahrhunderts erreicht. Zu Beginn des 20. Jahrhunderts lebten 1,6 Milliarden Menschen, 1960 lebten bereits 3 Milliarden Menschen auf der Erde. 1980 waren es 4,5 Milliarden und aktuell sind es etwa 7,4 Milliarden, Tendenz: immer weiter steigend. Ende des Jahrhunderts sollen es, Prognosen zufolge, etwa 11 Milliarden Menschen sein.

Welchen Einfluss das Bevölkerungswachstum auf die Klimaerwärmung hat, kann man sehr gut am CO_2 Ausstoß sehen. So hat China mit 22 Prozent des weltweiten Ausstoßes und seinen knapp 1,4 Milliarden Menschen mittlerweile die USA (15 Prozent) als Spitzenreiter weit abgehängt, danach folgt bereits Indien mit 5 Prozent. Ich möchte Sie nicht mit Zahlen langweilen, sondern nur verdeutlichen, dass das Problem nicht mehr nur eines ist, das mit der individuellen Einstellung Einzelner zu tun hat, sondern dass es tatsächlich auch ein quantitatives Problem ist. Das Konsumbedürfnis einer halben Milliarde Menschen, gespeist aus der Haltung von Immer-Mehr und Immer-Schneller, könnte dieser Planet vermutlich leichter verkraften als das von 7,4 Milliarden.

Unser Konsumbedürfnis wiederum ist eng mit dem industriellen Fortschritt verbunden. Konsumgüter können heute schnell, preiswert und in sehr großer Zahl hergestellt werden. Preiswert natürlich nur, weil die ökologischen Folgekosten der Produktion auf die Allgemeinheit abgewälzt werden. Wer mit giftigen Chemikalien agiert, diese ungeklärt in Gewässer entsorgt, arbeitet für sich sehr preiswert und kann sein Produkt zu einem günstigen Preis anbieten, doch die Gesellschaft muss mit den Folgekosten fertigwerden.

Da die Industrialisierung den Menschen aber nicht nur mehr Konsumgüter, sondern – vor allem in den Industrienationen – auch eine gestiegene Lebensqualität (etwa eine geringere Kindersterblichkeit und eine längere Lebenserwartung verbunden mit größerer Vitalität) gebracht hat, wird eine Rückkehr in einen vorindustriellen Naturzustand nur von einer verschwindend geringen Zahl von

Menschen als Lösung empfunden. Es braucht eine andere Lösung, nur welche?

Die Suche nach dem rechten Maß

Angesichts dieser Zahlen ist es verständlich, dass heute vor allem in den westlichen Industrienationen der Ruf immer lauter wird, dass uns nur noch eine Konsumreduktion weiterhelfen kann. Der Gedanke „Small is beautiful", den der deutsch-britische Ökonom Ernst Friedrich Schumacher bereits in den 1970er-Jahren äußerte, ist heute immer öfter zu vernehmen. Es ist, wie gesagt, keine neuzeitliche Einsicht, dass weniger mehr ist. Dem übermäßigen Streben nach Besitz stellten sich viele große Weisheitstraditionen entgegen, indem sie dieses Streben als destruktiv brandmarkten.

Bereits die alten Griechen waren auf der Suche nach dem rechten Maß, welches die Pleonexia, das Mehr-haben-wollen, beschränken könnte. Diese war für Platon ein Bestandteil des menschlichen Wesens. Auch wenn Platons Philosophie idealistisch geprägt war, war er in vielen Bereichen des täglichen Lebens ein echter Realist. Er erkannte, dass bestimmte äußere Umstände vorhandene Anteile des menschlichen Wesens eher aktivieren oder minimieren können. Aus diesem Grund forderte er, dass eine Gesellschaft so beschaffen sein müsse, dass sich nicht die negativen Anteile des Menschen ungehindert entfalten können.

Die Gier muss im Staat beschränkt werden, damit die Gier des Einzelnen nicht das Allgemeinwesen schädigt. Wo sich Menschen auf Kosten anderer bereichern, die Zukunft einem kurzfristigen Gewinn unterordnen, hätte Platon eine Verletzung der rechten Ordnung gesehen. Denn eines der grundlegenden Ordnungsprinzipien des gesamten Kosmos war für Platon die Mesotes, die rechte Mitte. Dieses Ordnungsprinzip musste seiner Ansicht nach alles durchdringen, insbesondere die menschliche Seele. Nur wenn in ihr die rechte Ordnung vorherrscht, kann der Mensch seiner Ansicht nach vernünftig und gut leben. Die Gier ist nicht die Mitte, sondern ein Zuviel des notwendigen Strebens der Menschen, weswegen sie ausgebremst werden muss.

Auch Aristoteles war um das rechte Maß bemüht, denn er sah in der Gier eine der drei Formen von Ungerechtigkeit[41]. Der Gierige übervorteilt die anderen. Das Gegenmodell zur Gier war bei ihm ebenso die rechte Mitte, die zum zentralen Gedanken in seiner Ethik wurde. Die Mesotes bezeichnet die Mitte zwischen zwei unheilvollen Extremen. Nach Aristoteles ist z.B. die Freigiebigkeit die gute Mitte zwischen Geiz und Verschwendungssucht. **Doch woher weiß der Mensch, was die rechte Mitte ist?** Indem er der Vernunft gehorcht.[42]

Dahinter stand die Vorstellung, dass die menschliche Vernunft mit dem kosmischen Logos verbunden sei, weswegen das Hören auf die Vernunft zur rechten Einsicht führt.

Diese Idee ist uns ja schon in anderen Kontexten begegnet. Es sei hier noch einmal betont: Vernunft war bei den alten Griechen eine umfassendere Größe als der Verstand oder das rein rationale Denken. Wenn wir heute von einer vernünftigen Entscheidung sprechen, dann hätten die Griechen diese eher als verstandesmäßige Entscheidung betrachtet. Nach Aristoteles war es die Aufgabe der Menschen, mittels Vernunft immer wieder für jede Situation das rechte Maß und die rechte Mitte zu finden; denn diese ist eben keine fixe Größe, sondern bestimmt sich durch die jeweilige Situation. Dass dies gar nicht so einfach ist, können wir immer wieder an uns selbst erfahren.

Dass die Mitte zwischen zwei Extremen der bessere Weg ist, an diese Vorstellung knüpfte auch der französische Philosoph Michel de Montaigne in seinen Essays an. Er verwies sehr eindrücklich darauf, dass es sogar ein Zuviel des Guten oder Tugendhaften geben könne, das zur Unmenschlichkeit führen könne. So heißt es bei ihm:

„Ich liebe die bedächtigen Naturen, die sich in der Mitte des Weges halten. Selbst wenn die Maßlosigkeit dem Guten gilt, macht sie mich, falls sie mich nicht gar vor den Kopf stößt, zumindest ratlos, so daß ich Mühe habe, ihr den rechten Namen zu geben. Sowohl die Mutter des Pausanias finde ich eher befremdlich denn gerecht, die mit ihrer Denunziation den ersten Stein auf ihn warf und so seinen Tod bewirkte, als auch den Diktator Postumius, der seinen Sohn hinrichten ließ, weil er sich im jugendlichen Kampfeseifer

den Feinden zwar erfolgreich, aber etwas zu weit vor der Truppe entgegengeworfen hatte, und ich mag eine derart teuer zu stehen kommende, derart unmenschliche Tugend weder anraten noch ihr folgen.'[43]

Das rechte Maß hilft nicht nur gegen die Gier, sondern auch gegen jede Form des ethischen Fundamentalismus, der ein Prinzip über das konkrete Leben stellt. Nicht nur die Gier kann Leben zerstören.

Das radikalisierte Maß: die Askese

In der Geschichte der Menschheit wurde als probates Maß gegen das Mehr-Haben-Wollen aber nicht nur das Maßhalten gesehen, sondern auch dessen Radikalisierung: die Askese, die radikale Entsagung. Aus Sicht des Aristoteles wäre diese jedoch auch wieder nur ein Extrem. Doch während das Extrem der Gier in der Geschichte der Menschheit fast immer und überall negativ bewertet wurde, galt und gilt die Askese nahezu überall als etwas Bewundernswertes. Wer sein Leben der Askese weihte, konnte sich meist der Achtung der Nicht-Asketiker sicher sein. Askese wurde in vielen großen spirituellen Traditionen als die anzustrebende Lebensweise propagiert.

So erklärte Buddha den Weg der Entsagung zum einzig hilfreichen Werkzeug gegen das Übel der Gier, die von ihm als eines der drei Grundübel des menschlichen Daseins betrachtet wurde. Die anderen beiden sind Hass und Verblendung. Diese Grundübel treiben aus buddhistischer Sicht das Rad der Wiedergeburt immer weiter an. Solange der Mensch sich nicht von ihnen befreit hat, kann er der Wiedergeburt nicht entkommen. **Gier ist daher ein Anti-Erlösungs-Gift**, das es tunlichst zu meiden gilt. Die Medizin gegen die Gier ist das Nichtanhaften. Doch das ist leichter gesagt als getan. Aus diesem Grund entwickelte Buddha ein Programm, das er ‚Mittelweg' nannte. Dieser führt durch die beiden Pole der radikalen Askese und der Prunksucht. Allerdings entpuppte er sich bei genauerer Betrachtung nicht so sehr als Mittelweg, sondern als asketische Herausforderung. Dies ist wohl der Grund, weswegen ihn fast nur die Ordensangehörigen beschritten, die sich von allen weltlichen Bindungen befreit hatten.

Auch im Stifter des Christentums hatten der Reichtum und das Mehr-haben-Wollen keinen Freund. Kaum etwas anderes kommt in der jesuanischen Verkündigung so schlecht weg wie das Gieren nach Reichtum und Besitz. Allerdings finden wir bei Jesus keinen asketischen Weg als Mittel, um dieses Übel zu überwinden. Die Askese wurde erst drei Jahrhunderte später zum großen Lebensmodell in der christlichen Tradition. Sie hatte in der monastischen Tradition ihren Ursprung, war aber auch bei Laien sehr beliebt.

Evagrius Pontikus, einer der großen christlichen Wüstenväter Ägyptens kategorisiert acht Laster, die den Menschen auf dem Weg zu Gott behindern. Die Habgier ist eines davon. Sie entfaltet ihr Gift auf eine subtile Art und Weise, denn sie erzeugt im Menschen die Angst, in einer Notsituation nicht genug zu haben. Um gegen alle Eventualitäten abgesichert zu sein, beginnt der Mensch nach immer mehr zu streben. Ganz nebenbei bemerkt: Aus dem Lasterkatalog des Evagrius wurde im 6. Jahrhundert die Lehre von den sieben Todsünden, zu denen weiterhin die Gier zählt.

In den asketischen Traditionen hoffte man, dass der Mensch, je weniger er wolle und habe, sich aus den Fängen der Gier befreien könne. Nichts mehr zu wollen wurde zum asketischen Ideal schlechthin. Das hing aber auch damit zusammen, dass in allen großen Spiritualitätstraditionen das Materielle dem Geistigen untergeordnet war, da man nur dem Geistigen die Möglichkeit zur Unsterblichkeit zusprach. In ihren extremen Ausprägungen führte dies zu einer echten Leib- und Materiefeindlichkeit. Jede Form des Sich-in-der-Welt-Einrichtens wurde hier bereits negativ konnotiert. Nach weltlichen Dingen zu streben, bedeutete, die Energie auf die falschen Dinge zu richten.

Doch nicht nur die Materiefeindlichkeit führte dazu, dass das menschliche Streben nach weltlichem Besitz negativ bewertet wurde. Man sah, dass der Trieb der Menschen, etwas zu haben, durch den Erwerb des begehrten Objekts nicht wirklich befriedigt wurde. Bereits nach relativ kurzer Dauer befriedigt der Besitz des ersehnten Objekts nicht mehr, sondern ein neuer Wunsch entsteht. In den spirituellen Traditionen schlussfolgerte man, dass es deshalb besser sei, wenn der Mensch diesen Trieb radikal ausrotte. Dies ist wohl auch der Grund, weshalb die Askese, die die Maßlosigkeit radikal reduzieren möchte, aufgrund dieser Radikalität selbst in die Maßlosigkeit abzudriften droht. **Maßlos asketisch zu sein, war und ist eine der größten Gefahren in allen asketischen Strömungen.**

Weniger ist mehr, aber leider nur für wenige

Wie sieht es aber aus, wenn wir Askese von ihrem ursprünglichen Begriff her verstehen, als Einübung; eine Einübung in einen neuen Lebensstil? Als einen Lebensstil, der mit weniger auskommt, der bewusst konsumiert und existiert? Meines Wissens wird die Konsumreduktion in den allermeisten Projekten, die eine ökologische und gesellschaftliche Veränderung in den Industrienationen herbeiführen wollen, als das Mittel der Wahl gepriesen.

‚Sharing Economy' ist ein Ausdruck dieses neuen Lebensstils. **Tauschen statt kaufen, Zweitverwertung statt Wegwerfgesellschaft.** Allerdings scheint dieser Trend sich nur auf eine sehr spezielle Gruppe von Menschen zu beschränken, denn wenn wir uns die aktuellen Daten zum Verpackungsmüll in Deutschland ansehen, wird offenkundig: Wir haben 2016 mehr Verpackungsmüll denn je produziert.

Hier sehe ich das große Problem aller Reduktionsprogramme: Sie sind mehr oder weniger Elitenprogramme, die bislang keine tiefe Verankerung in der Mehrheitsgesellschaft haben. In der Geschichte der Menschheit sorgten bislang die sozioökonomischen Rahmenbedingungen dafür, dass nur eine verschwindend geringe Minderheit im Überfluss lebte, und nicht so sehr die Überzeugung, dass weniger mehr ist. Wenig zu haben, war bis nach dem Zweiten Weltkrieg einfach die Lebensrealität der meisten Menschen auch in Europa.

Erst die letzten 60 Jahre brachten diesbezüglich eine Veränderung. Lange Zeit waren die asketischen Traditionen in religiös-spirituelle Systeme eingebunden, die dem im Diesseits Verzichtenden wenigstens eine postmortale Entschädigung in Aussicht stellten. Wenn wir uns vergegenwärtigen, dass heute gerade im Westen die Zahl derer kontinuierlich zurückgeht, die an eine postmortale Existenz glauben, dürfte klar sein, dass das, was Menschen lange Zeit noch darüber hinwegtrösten konnte, nichts zu haben, heute kaum mehr als Anreiz zum Verzicht taugt.

Ferner sollten wir nicht vergessen, dass auch die andere Seite, das Streben nach Wohlstand und Besitz, in vielen Traditionen religiös positiv sanktioniert wurde. So hat die protestantische Ethik, vor allem in ihrer calvinistischen Ausprägung, zwar den Genuss verworfen, nicht aber das Streben nach Besitz, da materieller Erfolg als Zeichen der göttlichen Erwählung galt. Aber auch in Indien und China, den heute bevölkerungsreichsten Staaten mit aufstrebenden Ökonomien, dominierten nicht nur die asketischen Richtungen, die den Besitz verdammten. Im Hinduismus gilt das Streben nach Wohlstand nach wie vor als eines der vier Lebensziele neben Lust, Erfüllung der Pflichten des kosmischen Gesetzes und der Erlösung. Ebenso gehören in China Wohlstand, Glück und langes Leben zu den erstrebenswerten Dingen des menschlichen Lebens, weswegen es auch nicht verpönt ist, den erworbenen Reichtum zur Schau zu stellen.

Die eine Einsicht, dass weniger mehr ist, gewinnt man in der Regel eher aus einer Situation der Fülle heraus. Wer heute zum Verzicht bereit ist, hat meist schon viel ausprobiert, konsumiert und festgestellt, dass durch den Konsum allein das Leben nicht unbedingt tiefer erfüllt wurde. Zudem verfügt er über das kognitive Potenzial, Zusammenhänge ökologischer und ökonomischer Natur zu erkennen, und ist in ein Wertesetting eingebunden, in dem immaterielle Werte eine höhere Rolle spielen als materielle Werte. Viele Vertreter und Vertreterinnen des ‚Weniger-ist-mehr-Programms' stammen aus der jungen, gut gebildeten und oft wohlsituierten (groß)bürgerlichen (Mittel)Schicht.

Doch nicht alle Menschen teilen deren Werte und Interessen. Immer noch konsumiert der größere Teil in unserer Gesellschaft lieber, als dass er sich beschränkt. Und das gilt, ganz nebenbei bemerkt, auch für viele, die sich konsumkritisch wähnen. Bislang zählt gerade die ökobewusste Mittelschicht in Europa und insbesondere in Deutschland, die glaubt, sie sei die Avantgarde ökologischer Lebensweise, zu den Ressourcen-Verschwendern.

Konsummüdigkeit stellt sich, insgesamt betrachtet, eher in Gesellschaften ein, die bereits über ein hohes Sättigungsniveau und über eine gut gebildete, aufgeklärte Gesellschaftsmehrheit verfügen. Die ist aber, global betrachtet, die absolute Minderheit. Die meisten Gesellschaften möchten erst einmal den Standard erreichen, in dem wir heute leben. Ob Verzicht allein die Lösung bringen wird, erscheint mir angesichts dieser Voraussetzungen eher unwahrscheinlich. Insbesondere, wenn man sich die Zahlen der globalen Bevölkerungsentwicklung ansieht. Allein im Nahen und Mittleren Osten wird sich die Bevölkerung von jetzt 370 Millionen auf 470 Millionen Menschen im Jahr 2030 erhöhen. Für Gesamtafrika und Arabien sieht die Situation noch dramatischer aus. Von derzeit 1,3 Milliarden Menschen wird die Bevölkerung Afrikas bis 2050 auf 2,7 Milliarden anwachsen.[44]

Angesichts dieser Entwicklungen bräuchten wir eine Neuausrichtung des globalen Wirtschaftssystems, in dem z.B. die Folgekosten eines Produktes im Preis des Produktes integriert sind. **Nur wenn reparieren billiger ist als wegwerfen, wird wieder repariert.** Wenn die ökologischen Kosten eines Produkts berücksichtigt werden müssten, dann hätten auch Produkte eine Chance, die umweltfreundlich, aber teuer produziert werden. Dies würde zudem die Entwicklung umweltfreundlicher Technologien begünstigen, die – neben der Reduktion des extremen Bevölkerungswachstums, das ein Resultat von Armut und fehlender Bildung ist, – am ehesten die ökologische Katastrophe bekämpfen.

Dazu kommt, dass wir gesellschaftlich altruistische und kooperative Fähigkeiten stärken müssen. Dies gelingt nur, wenn wir unsere bestehenden Werte hinterfragen, neu definieren und leben, d.h. Mechanismen schaffen, die bestimmte Werte begünstigen und andere unterbinden. Sonntagsreden über Werte, die dann im Alltag mit Füßen getreten werden, helfen uns nicht weiter.

Und noch etwas erscheint meines Erachtens hilfreich. Wir sollten einfach anerkennen, dass wir Menschen auch ein Streben nach Mehr in uns tragen. Das Anerkennen dieses Impulses lässt uns vielleicht etwas entspannter mit unseren Bedürfnissen umgehen. Wer schon einmal eine Diät gemacht hat, weiß nämlich, dass die Gier nach dem, was nicht sein darf, durch ihr Verbot ins Unermessliche steigt. Wer sich hingegen ab und zu etwas gönnt, kann entspannter mit dem Nicht-Haben umgehen.

Schieflagen im gesellschaftlichen Diskurs
Abschließende Anmerkungen

Ich möchte dieses Buch gerne mit einigen Gedanken abschließen, die ich für mindestens so wichtig erachte wie das, was Sie in den vorausgegangenen Kapiteln lesen konnten: Ich sehe mittlerweile eine ziemliche Schieflage in der öffentlichen Auseinandersetzung bei der Gewichtung der Elemente, von denen man glaubt, dass sie maßgeblich zu einem guten Leben führen. Es sind eben nicht nur unsere Haltungen und Bewertungen, die unser Leben gelingen lassen, sondern auch gesellschaftliche, familiäre und soziale Rahmenbedingungen. Unbestritten: Vieles in unserem Leben hat mit unseren Einstellungen und Haltungen zu tun. Wir können uns selbst das Leben leichter oder schwerer machen. Doch daneben existieren Strukturen, in die wir hineingeboren werden und in denen wir leben und agieren müssen. Manche Strukturen können wir direkt beeinflussen, manche nur indirekt. Sie prägen und bestimmen unser Leben aber mindestens genauso stark wie unsere eigenen Überzeugungen und Glaubenssätze.

Nach dem Sinn des Lebens fragt es sich etwas entspannter, wenn Sie nicht ums Existenzminimum kämpfen müssen, wenn Sie durch Schule, Familie und Gesellschaft Impulse und Anregungen für die Auseinandersetzung mit sich selbst erhalten, wenn Sie in einer Gesellschaft leben, die Freiräume und Entfaltungsmöglichkeiten für die Einzelnen vorsieht. Man kann natürlich zynisch einwenden, die Frage nach dem Sinn des Lebens sei ohnehin ein Luxusproblem. Doch das ist in der Tat nur Zynismus, denn die Frage, wer wir sind und wofür wir leben wollen, ist eine, die wesenhaft die Menschen zu Menschen macht. Wenn Lebensumstände den Menschen jegliche Auseinandersetzungsmöglichkeit damit rauben, berauben sie sie ihres Lebens.

Doch es ist nicht nur die Auseinandersetzung mit dem Sinn des Lebens, die durch äußere Faktoren geprägt wird. Ob Sie als Frau in unserer Zeit in Deutschland geboren wurden oder in Saudi-Arabien, haben Sie sich nicht ausgesucht. Aber die gesellschaftlichen Umstände, in denen sie aufwachsen und leben, werden ihr Leben maßgeblich prägen. Sie werden nicht nur Ihren Handlungsradius bestimmen, sondern auch Weichen stellen, wohin Ihre Lebensreise gehen wird. Diese Verhältnisse entscheiden ferner darüber, wie viel Einfluss Sie haben, bestehende Verhältnisse zu verändern. Ob Sie in einem Rechtsstaat oder in einer Diktatur leben, hat entscheidenden Einfluss darauf, was Sie in Ihrem Leben und mit Ihrem Leben machen können. Ihre Haltungen und Überzeugungen können noch so klar sein – wenn ein Staat Ihnen bestimmte Rechte nicht gewährt, nutzen Ihnen Ihre Überzeugungen hinsichtlich der Veränderung zunächst nur recht wenig. Dies bedeutet natürlich nicht, dass man dadurch zu einem unglücklichen Leben verdammt ist, aber es macht sowohl in der individuellen als auch in der gesellschaftlichen Lebensgestaltung vieles schwieriger.

In vielen Ratgebern, aber auch bei vielen Coaches, Beratern und spirituellen Lehrern, die sich heute mit dem Thema Persönlichkeitsentwicklung und Lebensgestaltung beschäftigen, dominiert die Überzeugung, dass es in unseren Händen liegt, ob unser Leben gelingt oder ob es scheitert. Das ist gar nicht so selbstverständlich, denn, angestoßen durch die gesellschaftlichen Umwälzungen im Zuge der 68er-Bewegung, galt bislang eher die Überzeugung, dass es die gesellschaftlichen Strukturen sind, die maßgeblich über das Gelingen des jeweiligen Lebens entscheiden.

Die positive Seite der Überzeugung, dass wir Meister oder Meisterin unseres eigenen Schicksals sind und nicht von den gesellschaftlichen Umständen beherrscht werden, ist einsichtig. **Wer Verantwortung für das eigene Leben übernimmt, verlässt die Opferrolle und schafft sich einen Aktionsraum.** Dass es besser ist, für sein Leben Verantwortung zu übernehmen, statt sich von äußeren Umständen treiben zu lassen, betonten auch viele Philosophen. Doch sie sahen auch, dass der menschliche Gestaltungsspielraum immer wieder an Grenzen stößt.

Diese Erkenntnis scheint aber vielen modernen ‚Lebensgestaltern' abhandengekommen zu sein. Hier wird die negative Seite der Überzeugung, jede und jeder sei ausschließlich des eigenen Glückes Schmied, deutlich. Man verkennt völlig die soziale und gesellschaftliche Dimension von Entwicklung und vergisst, dass nicht alle Menschen die gleichen Persönlichkeitsmerkmale mitbringen, um ihr Leben eigenständig gestalten zu können. Die Behauptung, jeder könne, wenn er nur wolle, ein gutes Leben führen, ist einfach Quatsch. Die Kehrseite dieser Überzeugung müsste dann lauten: „Wer kein gutes Leben führt, ist selber schuld." Die herrschaftsideologische Seite dieser Aussage sollten wir uns bewusst machen.

Wer als Schwarzer in einer mehrheitlich weißen Gesellschaft lebt, lebt unter anderen Rahmenbedingungen als ein Weißer. Ein Weißer wird, wenn sein Aussehen dem Standard der Mehrheitsgesellschaft entspricht, nicht mit einem hautfarbenbedingten Rassismus konfrontiert werden. Einem Schwarzen kann dies sehr wohl passieren, auch wenn der Staat allen Bürgen formal gleiche Rechte garantiert. Wer Opfer von Rassismus wird, ist weder selbst schuld, noch ist es seine primäre Aufgabe, Strategien zu finden, sich davon nicht berühren oder den Hass an sich abprallen zu lassen. Es ist vielmehr Aufgabe der Gesellschaft, diese Form des Rassismus öffentlich zu ächten.

Genauso wenig ist es Aufgabe eines Einzelnen, sich Strategien gegen Stress anzueignen, wenn dieser kein hausgemachtes Problem, sondern durch vorgegebene Arbeitsprozesse bedingt ist. Wer so tut, als könnte der Mensch sein Leben völlig autonom steuern, und wer diese Selbststeuerung von allen einfordert, ignoriert zum einen, dass wir als Menschen immer auch soziale Wesen sind, die in gesellschaftlichen Strukturen leben und von diesen bestimmt werden, und bürdet zum anderen den Einzelnen eine Last auf, die diese oft gar nicht tragen können. Zudem entlässt er die Gesellschaft aus ihrer Verantwortung. Hier liegt der Verdacht nahe, dass diese eingeforderte Selbstverantwortung eher einer Ideologie verpflichtet ist als dem Wohl und Wachstum des Individuums.

Und auf noch etwas möchte ich hier verweisen: Die heute oftmals eingeforderte, aber auch freiwillig praktizierte Selbstoptimierung hat wenig mit der von der Philosophie seit zweieinhalb Jahrtausenden gelehrten Kunst des guten Lebens gemeinsam; denn in der Philosophie ging es primär um Verantwortung, nicht um Optimierung. Der Unterschied liegt darin, dass die Selbstoptimierung solipsistisch ist: Der Mensch dreht sich nur um sich selbst. Er hat den anderen und die Gesellschaft nicht mehr auf der Tagesordnung. Das Credo der Selbstoptimierer lautet: „Jeder ist ausschließlich seines eigenen Glückes Schmied." Wer unglücklich, erfolglos, einsam etc. ist, ist selbst schuld und hat nicht hart genug an sich gearbeitet.

Es ist sicherlich kein Wunder, dass in Zeiten, in denen der Neokapitalismus mehr oder weniger die alleinige Deutungshoheit über alle Lebensbereiche beansprucht, Selbstoptimierung der neue Lifestyle ist. Wenn es allein in den Händen der Einzelnen liegt, ob sie ein gutes und erfülltes Leben führen, muss sich die Gesellschaft um nichts mehr kümmern. Und auch die Einzelnen müssen sich nicht mehr um die Gesellschaft kümmern. Wer fit für alle Lebenslagen ist, braucht keinen Sozialstaat. Wer diesen jedoch braucht, hat seine Potenziale nicht richtig genutzt, so die Überzeugung des Selbstoptimierers. Eine zivile und humane Gesellschaft zeichnet sich aber gerade dadurch aus, dass sie auch die weniger Leistungsfähigen unterstützt, dass sie sich um Menschen kümmert, die nur in einem sehr beschränkten Maß Selbstsorge leisten können, genau wie sie auf der anderen Seite Menschen Entwicklungsraum bietet, ihre Potenziale zu entwickeln und zu entfalten.

Und noch eines sollten wir uns vergegenwärtigen: Viele der großen Herausforderungen, mit denen die Menschheit heute zu kämpfen hat, z.B. soziale Ungerechtigkeit oder der Klimawandel, lassen sich nur gemeinsam angehen. Und dieser Kampf hat mindestens genauso viel mit dem guten Leben zu tun wie unsere Suche nach dem Sinn des Lebens oder nach Entschleunigung; denn er entscheidet, wie wir als Menschheit in der Zukunft leben können. Nur mit einer optimistischen und gelassenen inneren Haltung werden wir diese Probleme nicht lösen. Aber eine solche innere Gestimmtheit verhindert, dass wir zu Fundamentalisten und Fanatikern werden, wenn wir erkennen müssen, dass nicht allen die Dringlichkeit dieser Fragen gleichermaßen bewusst ist. Sie hilft uns, geduldiger mit uns und unserer Umwelt umzugehen.

Gutes Leben impliziert nicht nur Sorge für sich selbst, sondern auch für die Gemeinschaft. Bei Platon, Aristoteles und den Stoikern diente die eigene Persönlichkeitsbildung dazu, die Gesellschaft zu bereichern. Die Beschäftigung mit sich selbst war keine Selbstoptimierung, sondern sie stand in engem Bezug zur Gemeinschaft, entweder um diese positiv mitzugestalten oder um sie auf Fehlentwicklungen hinzuweisen. So waren z.B. die kynischen Philosophen in Athen so etwas wie das moralische Gewissen der Polis. Die Kyniker kritisierten massiv bestehende gesellschaftliche Zustände. Sie artikulierten als Erste die Idee, dass die Sklaverei, die in allen antiken Gesellschaften die Norm war, ein Unding sei. Sie forderten die Liebe zum Menschen, die Philanthropie, ein – und zwar nicht nur die zum Bürger der eigenen Polis, sondern zu allen Menschen. Die Kyniker waren auch die Ersten im alten Griechenland, die sich als Kosmopoliten, als Weltbürger, bezeichneten.

Gutes Leben und philosophische Selbstverantwortung haben also immer zwei Seiten: eine individuelle und eine kollektive. Beide müssen wir im Blick behalten. Wer die Einzelnen für alles verantwortlich macht, überfordert sie. Wer ausschließlich die Gesellschaft und die gesellschaftlichen Umstände im Blick hat, entmündigt die Menschen. So wichtig die Selbstverantwortung der Einzelnen ist, so wichtig ist auch ihre Verantwortung für die Gesellschaft – und umgekehrt die der Gesellschaft gegenüber den Einzelnen. Beide Seiten braucht es für ein gutes Leben.

Glossar

Aristoteles (384 v. Chr. – 322 v. Chr.)
Vermutlich Platons berühmtester Schüler. Er beschäftigte sich mit sehr vielen Themen, u.a. auch mit vielen naturwissenschaftlichen Fragestellungen. Seine Schriften zur Ethik werden bis heute beachtet.

Blumenberg, Hans (13.7.1920 in Lübeck – 28.3.1996 in Altenberge bei Münster)
Blumenberg war ein deutscher Philosoph, der sich in seinen Werken intensiv mit Mythen und Metaphern beschäftigte.

Buddha (460 v. Chr. – 380 v. Chr.)
Siddharta Gautama war ein indischer Weisheitslehrer, der als Erwachter galt, weshalb er den Ehrentitel Buddha erhielt. Buddha brach mit einigen Vorstellungen seiner hinduistischen Herkunftsreligion, weshalb der Buddhismus zu einem eigenen indischen Religionssystem wurde.

Camus, Albert (7.11.1913 in Mondovi, Algerien – 4.1.1960 bei Villeblevin, Frankreich)
Der französische Literaturnobelpreisträger zählt neben Jean-Paul Sartre zu den bekanntesten französischen Philosophen des Existenzialismus.

Diogenes (um 412 v. Chr. in Sinope am Schwarzen Meer – um 323 v. Chr. in Korinth)
Diogenes war einer der Hauptvertreter der kynischen Philosophie. Mit ihren provokanten Thesen und ihrem radikalen Lebensstil – sie pflegten völlige Autarkie und Bedürfnislosigkeit – beeindruckten die Kyniker ihre Zeitgenossen nachhaltig.

Dschuang Dsi (um 365 v. Chr – 290 v. Chr.)
Dschuang Dsi zählt zu den großen taoistischen Philosophen Chinas, die das spontane Leben im Einklang mit dem alles durchdringenden Tao priesen. Anders als die konfuzianischen Denker, die den Menschen durch Gesetze und Regeln bilden wollten, vertrauten die Taoisten auf das Leben in Einklang mit der Natur.

Eckhart (1260 in Thüringen – um 1328)
Meister Eckhart war einer der bedeutendsten mittelalterlichen Philosophen, der vom Platonismus und Neuplatonismus stark beeinflusst war. Einer der zentralen Gedanken in seinem Werk ist die Gottesgeburt im Seelenfunken, die den Menschen eins macht mit Gott.

Epiktet (um 50 in Phrygien – um 125 in Nikopolis)
Der aus Phrygien in der heutigen Türkei stammende Philosoph kam als Sklave in Rom mit der Stoa in Kontakt. Nach seiner Freilassung unterrichtete er Philosophie.

Epikur (341 v. Chr. in Samos – 270 v. Chr. in Athen)
Epikurs Lehre beschäftigt sich mit der Frage, wie der Mensch Lust erleben und Unlust vermeiden kann. Lust ist bei ihm jedoch nicht so sehr die Sinnenlust, sondern seelische Unerschütterlichkeit.

Fichte, Johann Gottlieb (19.5.1762 in Rammenau – 29.1.1814 in Berlin)
Fichte zählt zu den großen Denkern des deutschen Idealismus. Ausgangspunkt aller Philosophie ist nach Fichte das denkende Subjekt.

Frankl, Viktor (26.3.1905 in Wien – 2.9.1997 in Wien)
Frankl war ein österreichischer Psychiater mit jüdischen Wurzeln, der das KZ überlebte. Sein psychologischer Ansatz ist die Logotherapie, die dem Menschen helfen soll, den Sinn im Leben zu finden.

Heidegger, Martin (26.9.1889 in Meßkirch – 26.5.1976 in Freiburg im Breisgau)
Heidegger zählt zu den bedeutendsten deutschen Philosophen des 20. Jahrhunderts. Mit seiner Existenzphilosophie, die zunächst der Frage nach dem Sinn von Sein nachging, beeinflusste er viele andere Denker.

Heraklit von Ephesus um 535 v. Chr. – um 475 v. Chr.)
Von Heraklits Werk sind heute nur noch Fragmente erhalten. Mit seiner Philosophie, in der das Werden eine zentrale Stellung einnahm, galt er schon in der Antike als ‚dunkel', d.h. nicht leicht verständlicher Denker.

Jaspers, Karl (23.2.1883 in Oldenburg – 26.2.1969 in Basel)
Jaspers, der von seiner ursprünglichen Ausbildung Psychiater war, zählt neben Martin Heidegger zu den großen deutschen Existenzphilosophen. Neben der Frage nach dem, was den Menschen ausmacht, beschäftigte er sich vor allem nach dem Krieg intensiv mit politischen und gesellschaftlichen Fragen.

Kant, Immanuel (22.4.1724 in Königsberg – 12.2.1804 in Königsberg)
Mit kaum einem anderen Namen ist die Aufklärung so verknüpft wie mit dem Namen Kants. Er ging der Frage nach, was wir gesichert über diese Welt wissen können.

Karneades (214/213 v. Chr. in Kyrene – 129/128 v. Chr. in Athen)
Karneades gehörte zur Strömung der akademischen Skepsis in der antiken Philosophie. Diese fragte u.a., welche gesicherten Erkenntnisse wir gewinnen können.

Kohelet (3. Jahrhundert v. Chr.)
Das alttestamentliche Buch Kohelet ist ein von der jüdischen Weisheitsliteratur und der griechischen Popularphilosophie beeinflusstes Buch. Über den Verfasser wissen wir nur, dass er nicht der Mann ist, als der er sich im Text ausgibt.

Lévi-Strauss, Claude (28.11.1908 in Brüssel – 30.10.2009 in Paris)
war ein französischer Ethnologe und Kulturwissenschaftler sowie Mitbegründer des Strukturalismus. Bekannt wurde er mit seiner Kulturtheorie, in der er heiße, auf Veränderung bedachte Kulturen unterschied von kalten, die auf das Bewahren fokussiert sind.

Montaigne, Michel de (28.2.1533 auf Schloss Montaigne – 13. September 1592)
Montaigne war ein französischer Philosoph. Er gilt als Begründer der Essayistik. In seinen Essays behandelte er, angeregt von antiken Denkern, zahlreiche philosophische Themen.

Nagarjuna (2. Jahrhundert n. Chr.)
war einer der bedeutendsten buddhistischen Philosophen. Auf ihn geht die Schule des Mittelwegbuddhismus (Madhyamaka) zurück, in der die Lehre von der Leere und die Lehre vom bedingten Entstehen im Zentrum stehen.

Neiman, Susan (27. März 1955 in Atlanta USA)
Neiman ist eine amerikanische Philosophin, die zurzeit Direktorin des Einstein-Forums in Potsdam ist. Sie beschäftigt sich mit Moralphilosophie.

Parmenides (540 v. Chr. – 480 v. Chr. oder 520 v. Chr. – 460 v. Chr.)
Parmenides stammte aus dem unteritalienischen Elea, das zu seiner Zeit griechisches Siedlungsgebiet war. Er gilt als Stifter der eleatischen Schule, die sich mit der Frage nach dem Unveränderlichen beschäftigte.

Platon (428 v. Chr. – 348 v.Chr.)
entstammte dem Athener Adel und war Schüler des Sokrates, dessen Lehre er aufschrieb. Es ist daher nicht immer leicht, zwischen Platons Ansicht und der des Sokrates zu unterscheiden. Für Platon ist nur das Geistige wirklich. Dieses bezeichnete er als das Gute, das Eine oder die Idee des Guten. Alles Sinnliche ist nur ein Abbild dieser geistigen Realität.

Pyrrhon von Elis (362 v. Chr. – 270 v. Chr.)
Pyrrhon gilt als Gründer der skeptischen Tradition im alten Griechenland. Die Skeptiker beschäftigten sich mit der Frage, was wir sicher wissen können. Pyrrhon reiste mit Alexander dem Großen nach Indien, wo er auch in Kontakt mit indischen Philosophen kam.

Russell, Bertrand (18.5.1872 in Wales – 2.2.1970 in Wales)
Russell war ein britischer Mathematiker und Philosoph. Er gilt als Mitbegründer der analytischen Philosophie und engagierte sich zeitlebens für soziale Themen und den Weltfrieden. Er verfasste etliche sozialpolitische Texte. 1950 erhielt er den Literaturnobelpreis.

Sartre, Jean-Paul (21.6.1905 in Paris – 15.4.1980 in Paris)
Sartre war ein französischer Literat und Philosoph. Er gilt nicht nur als einer der wichtigsten französischen Intellektuellen des 20. Jahrhunderts, sondern auch als Mitbegründer des Existenzialismus.

Schopenhauer, Arthur (22.2.1788 in Danzig – 21.9.1860 in Frankfurt am Main)
Schopenhauer ist einer der einflussreichsten deutschen Denker des 19. Jahrhunderts. Seiner Ansicht nach wird der ganze Weltenlauf nur von einem blinden Willen dominiert. Einem breiten Publikum wurde Schopenhauer durch seine z.T. extrem bissigen Aphorismen zur Weisheit bekannt.

Sextus Empiricus (2. Jahrhundert n. Chr.)
war ein griechischer Arzt und Philosoph. Er stand der skeptischen Philosophie nahe. Sein Buch, die „Pyrrhonische Skepsis", ermöglicht uns ein Verständnis der Lehre Pyrrhons, der selbst keine Schriften hinterließ, auch wenn Sextus dessen Lehre eigenständig bearbeitete.

Sokrates (469 v. Chr. in Athen – 399 v. Chr. in Athen)
Sokrates, von dessen Wirken wir nur durch seine Schüler, vor allem Platon, wissen, gilt als einer der wichtigsten antiken Denker. Er ist der Ahnherr der unterschiedlichsten philosophischen Strömungen im alten Griechenland.

Literatur

Aristoteles: Nikomachische Ethik, Eugen Rolfes (Übers.), Leipzig 1911, Felix Meiner

Aristoteles: Politik, Eckart Schütrumpf (Übers.), Hamburg 1995, Felix Meiner

Benedikt von Nursia: Die Regel des heiligen Benedikt, Beuron 2006, Beuroner Kunstverlag

Die Bibel: Einheitsübersetzung, revidierte Ausgabe, Stuttgart 2017, Katholisches Bibelwerk

Die Bibel: Übersetzung nach Martin Luther, revidierte Ausgabe, Stuttgart 2017, Deutsche Bibelgesellschaft

Hans Blumenberg: Die Sorge geht über den Fluss, Frankfurt am Main 1987, Suhrkamp

Albert Camus: Der Mythos des Sisyphos, Hamburg 19. Auflage 2014, Rowohlt

Carl Cederström, André Spicer: Das Wellness Syndrom. Die Glücksdoktrin und der perfekte Mensch Berlin 2016, Tiamat

Katharina Ceming, Christa Spannbauer: Denken macht glücklich. Wie gutes Leben gelingt, München 2016, Europaverlag

Katharina Ceming: Ab in die Wüste! Mut zur Selbsterkenntnis, den Wüstenvätern abgeschaut, München 2013, Kösel

Cicero: Gespräche in Tusculum, Olof Gigon (Übers.), Berlin 2011, Walter de Gruyter

Diogenes: Die Weisheit der Hunde. Texte der antiken Kyniker, Georg Luck (Übers.), Stuttgart, Kröner Verlag 1997

Diogenes Laertius: Leben und Meinungen berühmter Philosophen. Hamburg 1998, Felix Meiner Verlag

Dschuang Dsi: Das wahre Buch vom südlichen Blütenland, Richard Wilhelm (Übers.), München 9. Auflage 1996, Diederichs

Meister Eckhart: Werke in zwei Bänden, Niklaus Largier (Hg.), Josef Quint (Übers.), Frankfurt a. M. 2008, Deutscher Klassiker Verlag

Epikur: Von der Überwindung der Furcht. Katechismus, Lehrbriefe, Spruchsammlung, Fragmente, Olaf Gigon (Übers.), Zürich 1990, Artemis Verlag

Epiktet: Handbüchlein der Moral, Kurt Steinmann (Übers.), Stuttgart 2008, Reclam

Viktor E. Frankl: Der Wille zum Sinn, in: Der Sinn des Lebens, Christoph Fehige u.a. (Hg.) Frankfurt am Main 4. Auflage 2002, dtv Diederichs

Viktor E. Frankl: Trotzdem Ja zum Leben sagen, München Neuausgabe 2009, Kösel

Rick Hanson: Das Gehirn eines Buddha, Freiburg i.Br 2010, Arbor

Martin Heidegger: Gelassenheit/Zur Erörterung der Gelassenheit. Aus einem Feldweggespräch über das Denken, Pfullingen 1960, Günter Neske Verlag

Heraklit: Die Fragmente der Vorsokratiker, 1. Bd., Griechisch und Deutsch von Hermann Diels, Berlin 4. Auflage 1922, Weidmann

Christoph Horn: Antike Lebenskunst. Glück und Moral von Sokrates bis zu den Neuplatonikern. München 2010, C. H. Beck

Malte Hossenfelder (Hg. & Übers.): Antike Glückslehren. Quellen zur hellenistischen Ethik in deutscher Übersetzung. Stuttgart 1996, Kröner Verlag

Karl Jaspers: Einführung in die Philosophie, München 29. Auflage 1991, Piper

Immanuel Kant: Werke, Darmstadt 1960, Wissenschaftliche Buchgesellschaft

Paul Lafargue: Recht auf Faulheit, (franz. Original Paris 1883), Köln 2015, Anaconda

Sonja Lyubomirsky: Glücklich sein. Warum Sie es in der Hand haben, zufrieden zu leben, 2008 Frankfurt am Main, Campus

Martin Luther: Weimarer Ausgabe, Weimar, 1883–2009

Michel de Montaigne: Essais, in Drei Bänden, Hans Stillet (Übers.), München, Goldmann

Nagarjuna: Mulamadhyamakakarika 1,1; Max Walleser: Die buddhistische Philosophie in ihrer geschichtlichen Entwicklung Tl.2, Die Mittlere Lehre des Nagarjuna, nach der tibetischen Version, Heidelberg 1911

Susan Neiman: Warum erwachsen werden? Berlin 2014, Hanser

Friedrich Nietzsche: Werke, Frankfurt am Main 1999, Zweitausendeins

Friedrich Nietzsche: Die fröhliche Wissenschaft, Werke in drei Bänden, München 1954, Band 2, Hanser Verlag

Parmenides: Die Fragmente der Vorsokratiker, Band 1, Griechisch und Deutsch von Hermann Diels, Berlin 4. Auflage 1922, Weidmann

Platon: Sämtliche Werke, Friedrich Schleiermacher (Übers.), Hamburg 1998, Rowohlt

Hartmut Rosa: Beschleunigung. Die Veränderung der Zeitstrukturen in der Moderne, Frankfurt am Main 2014, 10. Auflage, Suhrkamp

Bertrand Russell: Lob des Müßiggangs https://de.scribd.com/doc/76754993/Lob-Des-Mussiggangs-Bertrand-Russel

Jean-Paul Sartre: Der Existenzialismus ist ein Humanismus, Reinbeck 1994, Rowohlt

Ulrich Schnabel: Muße. Vom Glück des Nichtstuns, München 2012, Pantheon

Arthur Schopenhauer: Werke in fünf Bänden, Ludger Lütkehaus (Hg.), Zürich 1991, Haffmans Verlag
Ernst Friedrich Schumacher: Small is beautiful: Die Rückkehr zum menschlichen Maß, München 2016, Oekom
Seneca: Handbuch des glücklichen Lebens, Heinz Berthold (Übers.), Köln 2005, Anaconda
Sextus Empiricus: Grundriss der pyrrhonischen Skepsis, Malte Hossenfelder (Übers.), Frankfurt am Main 1968, Suhrkamp
Holmer Steinfahrt (Hg.): Was ist ein gutes Leben? Philosophische Reflexionen, Frankfurt am Main 1998, Suhrkamp
Claude Lévi-Strauss: Das wilde Denken, Frankfurt am Main 1968, Suhrkamp

Anmerkungen

1 Weisheit der Hunde. Texte der antiken Kyniker, Georg Luck (Übers.), Stuttgart 1997, Kröner Verlag
2 Platon, Apologie 38a, Friedrich Schleiermacher (Übers.), Sämtliche Werke, Hamburg 1998, Rowohlt
3 Immanuel Kant: Grundlegung zur Metaphysik der Sitten, in: Werke, Bd. 6, S. 51, Darmstadt 1960, Wissenschaftliche Buchgesellschaft
4 Immanuel Kant: Was ist Aufklärung?, in: Werke, Bd. 9, S. 53, Darmstadt 1960, Wissenschaftliche Buchgesellschaft
5 Susan Neiman: Warum erwachsen werden? S. 46, Berlin 2014, Hanser
6 Heraklit DK 22, B 86, Die Fragmente der Vorsokratiker, 1. Bd., Griechisch und Deutsch von Hermann Diels, Berlin 4. Auflage 1922, Weidmann
7 Vgl. Rick Hanson: Das Gehirn eines Buddha, S. 86, Freiburg i.Br 2010., Arbor
8 Heraklit DK 22, B 91, Die Fragmente der Vorsokratiker, Griechisch und Deutsch von Hermann Diels, 1. und 2. Bd., Berlin 4. Auflage 1922, Weidmann
9 Heraklit DK 22, B 51, Die Fragmente der Vorsokratiker, Griechisch und Deutsch von Hermann Diels, 1. und 2. Bd., Berlin 4. Auflage 1922, Weidmann
10 Heraklit DK 22, B 60, Die Fragmente der Vorsokratiker, Griechisch und Deutsch von Hermann Diels, 1. und 2. Bd., Berlin 4. Auflage 1922, Weidmann

11 Heraklit DK 22, B22, Die Fragmente der Vorsokratiker, Griechisch und Deutsch von Hermann Diels, 1. und 2. Bd., Berlin 4. Auflage 1922, Weidmann
12 Nagarjuna: Mulamadhyamakakarika, 1,1; Max Walleser: Die buddhistische Philosophie in ihrer geschichtlichen Entwicklung Tl.2, Die Mittlere Lehre des Nagarjuna, nach der tibetischen Version, Heidelberg 1911
13 Viktor Frankl: Der Wille zum Sinn, S. 120 in: Der Sinn des Lebens, Christoph Fehige u.a. (Hrsg.) Frankfurt am Main 4. Auflage 2002, dtv
14 Karl Jaspers: Einführung in die Philosophie, S. 20, München 29. Auflage 1991, Piper
15 Hans Blumenberg: Die Sorge geht über den Fluss, S. 81, Frankfurt am Main 1987, Suhrkamp
16 Arthur Schopenhauer: Welt als Wille und Vorstellung, Bd. II, Ergänzungen zum 4. Buch, Kapitel 48, Ausgabe: Arthur Schopenhauers Werke in fünf Bänden, Ludger Lütkehaus (Hrsg.), Zürich 1991, Haffmans Verlag
17 Friedrich Nietzsche: 2. Unzeitgemäßen Betrachtung 9, S. 164, Friedrich Nietzsche: Werke, Frankfurt am Main 1999, Zweitausendeins
18 Friedrich Nietzsche: Zarathustra, Vorrede 3, S. 549, Friedrich Nietzsche: Werke, Frankfurt am Main 1999, Zweitausendeins
19 Albert Camus: Eine absurde Betrachtung, S. 23, in: Der Mythos des Sisyphos, Hamburg 19. Auflage 2014, Rowohlt
20 Albert Camus: Der Mythos des Sisyphos, S.144, Hamburg 19. Auflage 2014, Rowohlt
21 Heraklit: DK 22, B 4, Die Fragmente der Vorsokratiker, Griechisch und Deutsch von Hermann Diels, 1. und 2. Bd., Berlin 4. Auflage 1922, Weidmann
22 Aristoteles: Nikomachische Ethik 1098a: 1. Buch. 6. Kapitel. Eugen Rolfes (Übers.), Leipzig 1911, Felix Meiner
23 Epiktet: Handbüchlein der Moral, Kap. 5, S. 11, Kurt Steinmann (Übers.), Stuttgart 1992, Reclam
24 Diogenes: Die Weisheit der Hunde. Texte der antiken Kyniker, S. 94–95, Georg Luck (Übers.), Stuttgart, Kröner Verlag 1997
25 Vgl. http://www.sunflower.ch/pdf/heute/01_philosophisches/14_(3)%20Geld_Arbeit_Musse.pdf
26 Aristoteles: Politik, 1338a, Eckart Schütrumpf (Übers.), Hamburg 1995, Felix Meiner
27 Arthur Schopenhauer: Aphorismen, Von dem, was einer ist, Kap. 2, S. 330, Schopenhauers Werke in fünf Bänden, Bd. 4, Ludger Lütkehaus (Hrsg.), Zürich 1991, Haffmans Verlag

28 Friedrich Nietzsche: Die fröhliche Wissenschaft, Buch1, Kap. 42, in: Werke in drei Bänden. München 1954, Band 2, S. 66–67, Hanser Verlag
29 Dschuang Dsi: Das wahre Buch vom südlichen Blütenland, S. 34, Richard Wilhelm (Übers.), München 9. Auflage 1996, Diederichs
30 Seneca: Über die Muße VI.5, in: Seneca: Handbuch des glücklichen Lebens, Heinz Berthold (Übers.), Köln 2005, Anaconda
31 Die Bibel in der Übersetzung nach Martin Luther, revidierte Ausgabe: Mt 6,26, Lutherbibel , Stuttgart 2017, Deutsche Bibelgesellschaft
32 Martin Luther: Weimarer Ausgabe, Bd. 31, Erste Abteilung, S. 437, (D. Martin Luthers Werke. 120 Bände) Weimar, 1883–2009
33 Bertrand Russell: Lob des Müßiggangs, S. 17 https://de.scribd.com/doc/76754993/Lob-Des-Mussiggangs-Bertrand-Russel
34 Epikur: Brief an Menoikus, S. 48, in: Von der Überwindung der Furcht. Katechismus, Lehrbriefe, Spruchsammlung, Fragmente, Olaf Gigon (Übers.), Zürich 1990, Artemis Verlag
35 Epikur: Brief an Menoikus, S. 45 in: Von der Überwindung der Furcht. Katechismus, Lehrbriefe, Spruchsammlung, Fragmente, Olaf Gigon (Übers.), Zürich 1990, Artemis Verlag
36 Martin Heidegger: Gelassenheit/Zur Erörterung der Gelassenheit. Aus einem Feldweggespräch über das Denken, S. 41, Pfullingen 1960, Günter Neske Verlag
37 Hewig, Johannes / Mussel, Patrick: Koste es was es wolle? Die Gier als Persönlichkeitsmerkmal, in: Zeitschrift: Forschung & Lehre. Alles was die Wissenschaft bewegt, Bd. 22, Nr. 5, 2015, 396–397
38 http://www.psychologie.uzh.ch/de/fachrichtungen/lifespan/erleben/berichte/unethisches-verhalten.html (Zugriff 19.8.2016) Quelle: Piff, P. K., Stancato, D. M., Côté, S., Mendoza-Denton, R., & Keltner, D. (2012). PNAS Proceedings of the National Academy of Sciences of the United States of America, 109(11), 4086–4091.
39 http://www.wissenschaft.de/archiv/-/journal_content/56/12054/1565427/DIE-WURZELN-VON-GEIZ-UND-GIER/
40 http://www.pnas.org/content/early/2016/08/16/1611826113.abstract
41 Vgl. Aristoteles: Nikomachische Ethik 1129b 32, Eugen Rolfes (Übers.), Leipzig 1911, Felix Meiner
42 Vgl. Aristoteles: Nikomachische Ethik 1106b-1107a, Eugen Rolfes (Übers.), Leipzig 1911, Felix Meiner
43 Michel de Montaigne: Essais, Über das Maßhalten, Bd.1, Nr. 30, in drei Bänden, Hans Stillet (Übers.), München 2002, Goldmann
44 vgl. Philip Plickert: „Die große Migrationswelle kommt noch" in FAZ 14.08.2016